Verena Böning · ausbrechen

Ich danke allen, die mir bei diesem Buch geholfen haben,
ganz besonders meinem Freund Andreas.

URBAN & FISCHER
München · Jena

Die **Bulimia nervosa (Bulimie, Ess-Brech-Sucht)** ist eine psychosomatische Krankheit. Sie wird seit 1980 als eigene Form der Essstörung von der Anorexia nervosa (Magersucht) abgegrenzt. Die Bulimie ist durch wiederholte Anfälle von Heißhunger (Essattacken) und eine übertriebene Beschäftigung mit der Kontrolle des Körpergewichts charakterisiert. Bei den Essattacken werden große Mengen Nahrung in sehr kurzer Zeit konsumiert. Durch selbst herbeigeführtes Erbrechen, zeitweilige Hungerperioden, übertriebene sportliche Aktivität oder den Missbrauch von Abführmitteln wird versucht, eine Gewichtszunahme zu verhindern. Es besteht eine krankhafte Furcht zuzunehmen. Das Körpergewicht und die Figur haben einen übermäßigen Einfluss auf die Selbstbewertung.

Das Bedingungsgefüge für die Entstehung dieser Krankheit ist sehr komplex und noch nicht endgültig geklärt. Mögliche Ursachen sind individuelle Faktoren der Betroffenen, Familienstrukturen sowie traditionelle und kulturelle Werte der Gesellschaft.

Bulimie ist heilbar!

Inhaltsverzeichnis

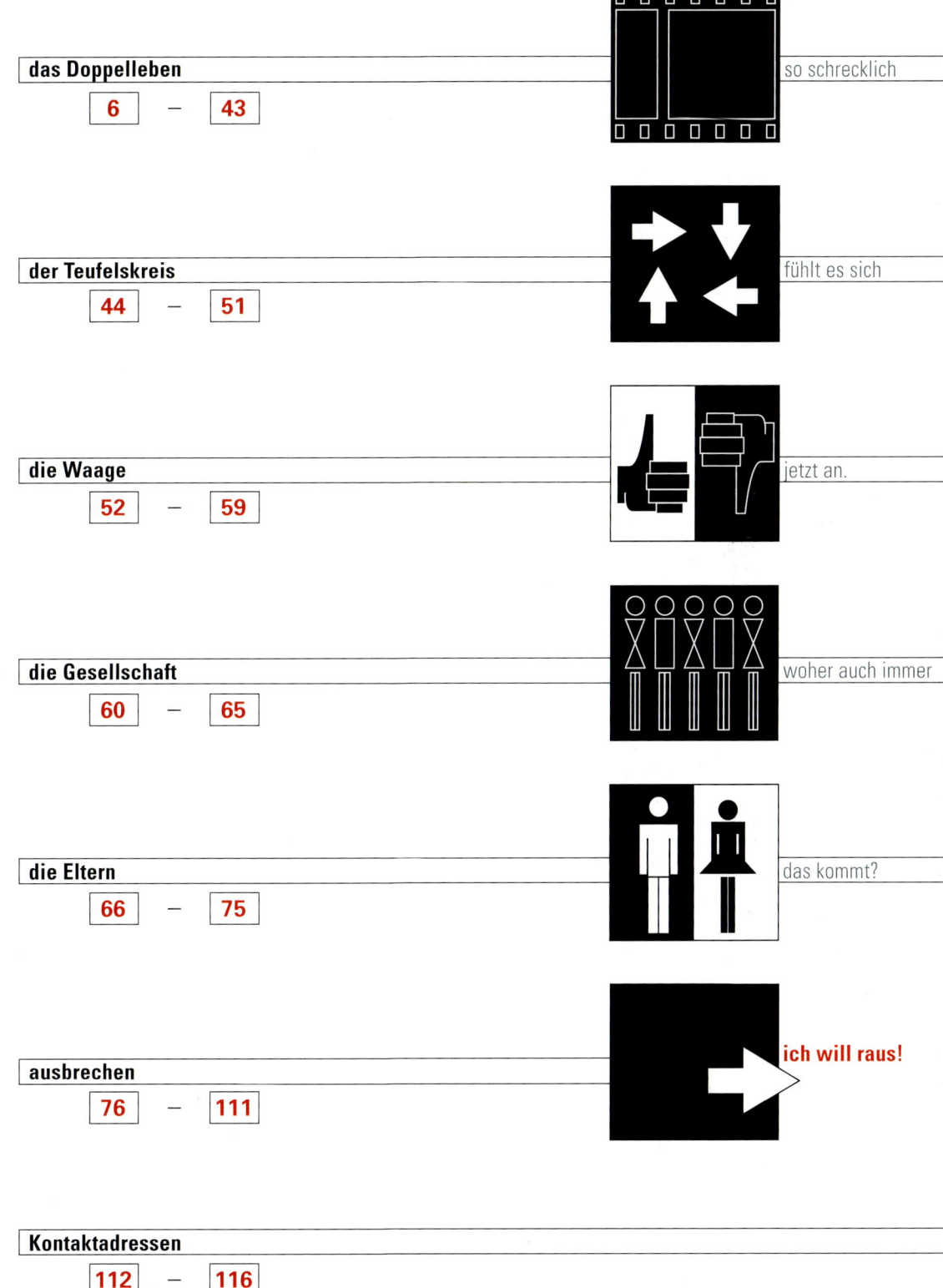

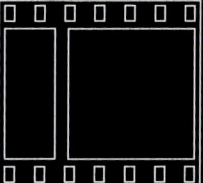

das Doppelleben

6 — 43

ich denke ans essen
ich habe hunger.
es wäre viel geiler, jetzt zu fressen, als hier rumzusitzen.
fressen ich denke ans fressen
fressen
ich bin unruhig. ich kann mich nicht mehr konzentrieren.
der gedanke an einen fressflash verfolgt mich den ganzen tag.
fressen
bei allem was ich tue.
fressen
beim arbeiten, in der uni und auch, wenn ich mit freunden weg bin.
fressen fressen

ich kann mich selten richtig auf 'was anderes konzentrieren.
ich lasse mir nichts anmerken.

die anderen, die wissen nichts davon, die wissen gar nicht, wie das ist. aber ich.

Die Anzahl der an Bulimie Erkrankten nimmt besonders in den Industrieländern epidemieartig zu. Nach Angaben der Deutschen Hauptstelle gegen die Suchtgefahren sind 2–4% der deutschen Bevölkerung bulimisch. Die Bulimie bricht meistens in der Pubertät oder etwas später aus. Betroffen sind zu ca. 90% Mädchen und Frauen, zunehmend auch Jungen und Männer.

BulimikerInnen können sowohl unter-,

normal- und

übergewichtig sein.

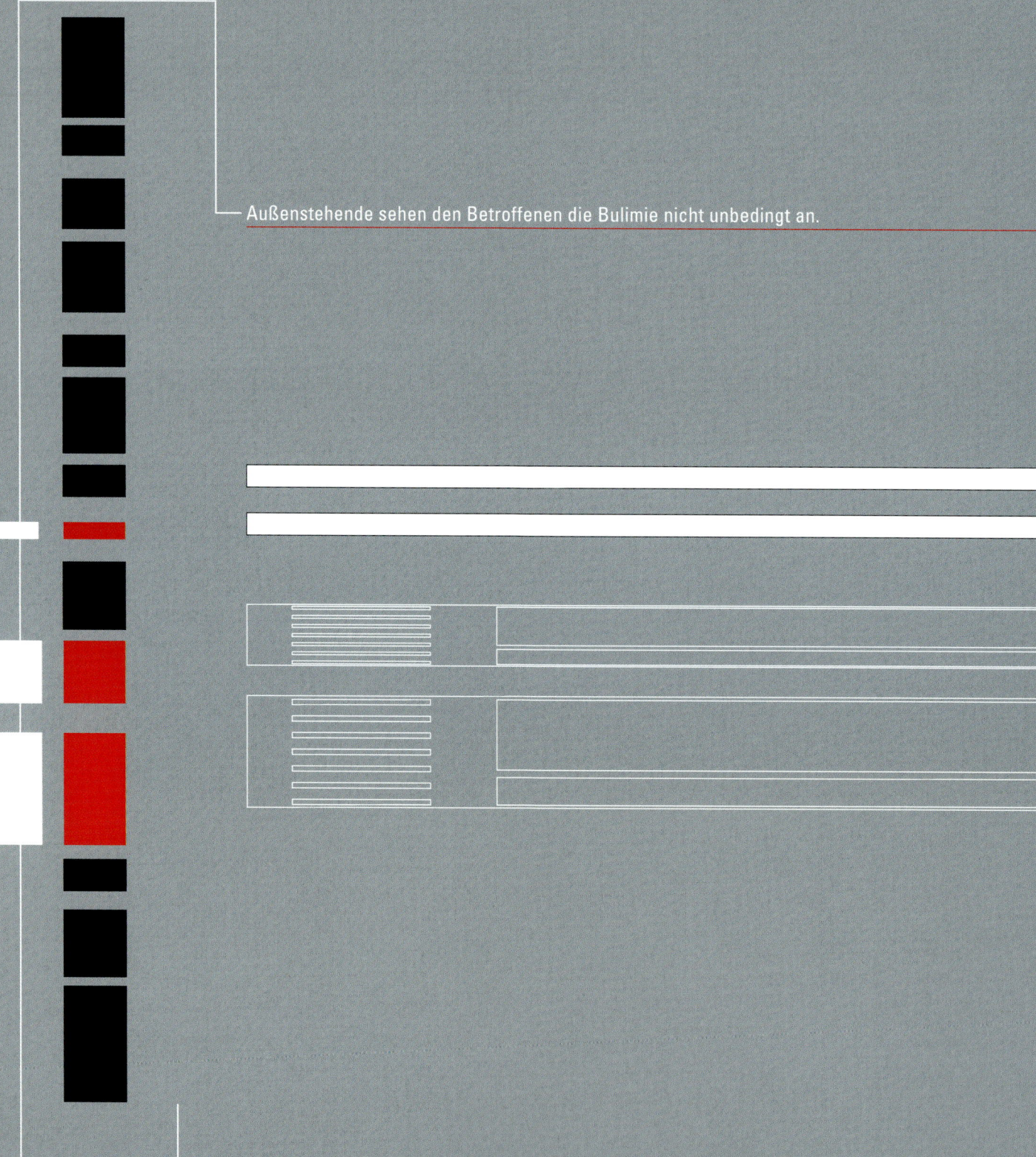

Außenstehende sehen den Betroffenen die Bulimie nicht unbedingt an.

doppelleben

ich sitze bei der arbeit und mache meinen job. ich lasse mir nicht anmerken, dass ich vor zehn minuten noch

auf der toilette war und mein frühstück ausgekotzt habe. meine finger riechen noch eklig danach. ich stinke

bestimmt. mein kopf tut weh. ich habe schon wieder hunger. heute abend nach der arbeit hole ich mir noch

'was aus dem supermarkt. ich habe dann meine ruhe und kann mich danach wenigstens ins bett legen…

ich führe ein **doppelleben**

niemand kommt auf die idee, dass ich mich überfresse und erbreche.

ich fühle mich einsam.

Äußerlich zeichnen sich Bulimiker und

Bulimikerinnen oft durch Attraktivität und

besondere Leistungen in Schule, Studium

oder Beruf aus. **Viele Kranke haben**

Jahrzehnte lang Bulimie, ohne dass

es ihr Umfeld bemerkt.

doppelleben

es ist, als würde ich zwei leben führen.

und keiner merkt etwas.

ich kotze

die anderen schauen mich an und ich hoffe, dass sie nichts von meinem anderen, heimlichen leben neben meiner perfekten fassade merken.

ich denke oft ans essen und ans kotzen, aber ich kann mit keinem sprechen.

ich fühle mich wie im falschen film.

ich hoffe, dass das niemand merkt.

die anderen würden sich ekeln.

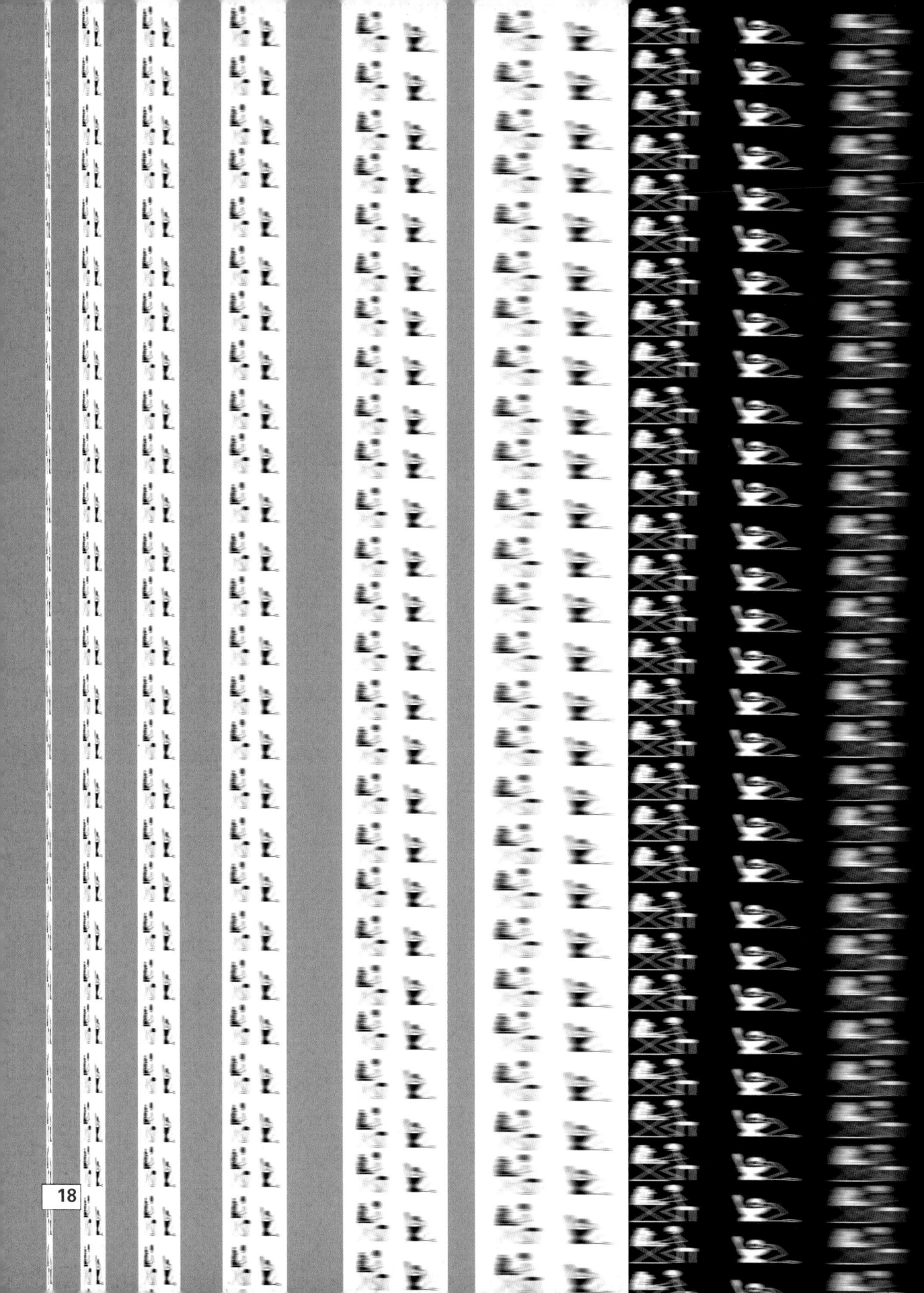

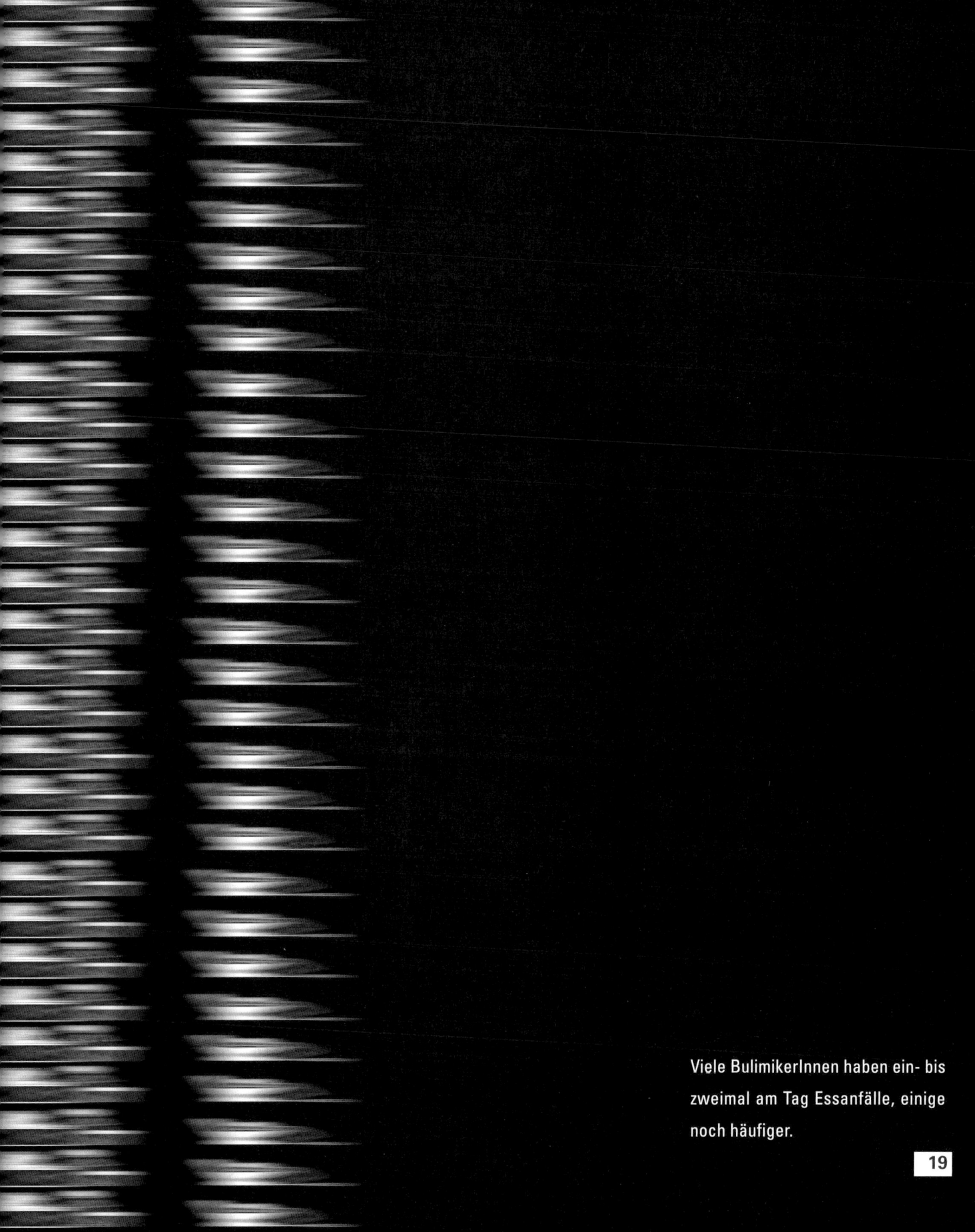

Viele BulimikerInnen haben ein- bis zweimal am Tag Essanfälle, einige noch häufiger.

Bei der Essattacke nehmen die Betroffenen innerhalb kurzer Zeit große Mengen an Nahrungsmitteln zu sich. Anschließend versuchen sie durch Erbrechen, Abführmittelmissbrauch, Sport oder Hungern, eine Gewichtszunahme zu verhindern. Diese Essanfälle können geplant und ungeplant vorkommen.

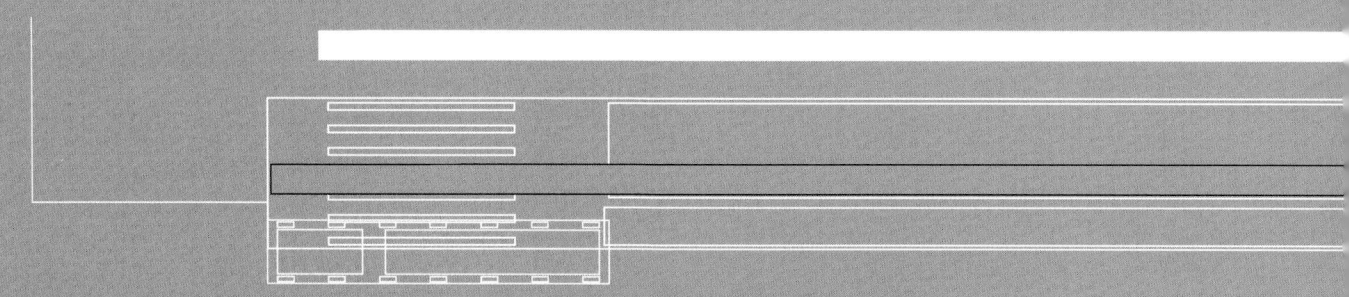

wie häufig am tag oder in der woche ich mich **vollfresse** erbreche, und dann

ist unterschiedlich und schwankt.

das hängt vom tagesablauf ab. meistens abends, wenn ich allein bin. manchmal auch während der uni

oder der arbeit. das passiert dann, wenn ich die kontrolle ungewollt verliere und zuviel esse. das muss dann auch 'raus. das ist sehr unangenehm, weil ich nicht meine ruhe habe und die anderen es merken könnten. abends ist es gut. der hunger von dem ganzen tag hat sich angestaut. ich halte das hungern tagsüber meistens aus, weil ich weiß, dass ich abends alles essen kann, was ich will. die ganz zeit überlege ich schon, was ich dann essen werde. **ich freue mich darauf.**

Der verinnerlichte Kalorienplan erlaubt den Betroffenen nur eine bestimmte Art der Nahrungsmittel. Verboten ist alles, was angeblich dick macht, also besonders fett- und zuckerhaltiges Essen. Darüber hinaus ist nur eine bestimmte Menge der ›erlaubten‹ Nahrungsmittel zugelassen.

Auslöser für einen ungewollten Essanfall kann eine Überschreitung der Diät sein. Bereits bei der kleinsten Abweichung ihre Plans fürchten die Betroffenen eine Gewichtszunahme.

Bei geplanten Essattacken ›gönnen‹ sich die Betroffenen alles, was sie sich sonst verbieten. Viele haben dafür ein festes Ritual: Sie kaufen Lebensmittel, vor allem leicht zu schluckende, kohlenhydrat- und fettreiche, die sie dann in einer bestimmten Reihenfolge zu sich nehmen. Diese Reihenfolge hat sich meist als besonders günstig, also als gut zu erbrechen herausgestellt. Viele Bulimiker und Bulimikerinnen wissen aus Erfahrung, wie sie sich das Erbrechen erleichtern können. Manche essen am Anfang eines Essanfalls kalorienarme Nahrungsmittel, wie Salat oder Gurken, damit es sich nicht so katastrophal auswirkt, wenn diese im Körper zurückbleiben.

endlich zu hause, endlich alles eingekauft, endlich fressen, die unmengen von geilen sachen liegen vor mir, hoffentlich reicht mir das ich habe genug zu trinken, milch, dann geht das kotzen viel besser und tut nicht so weh,

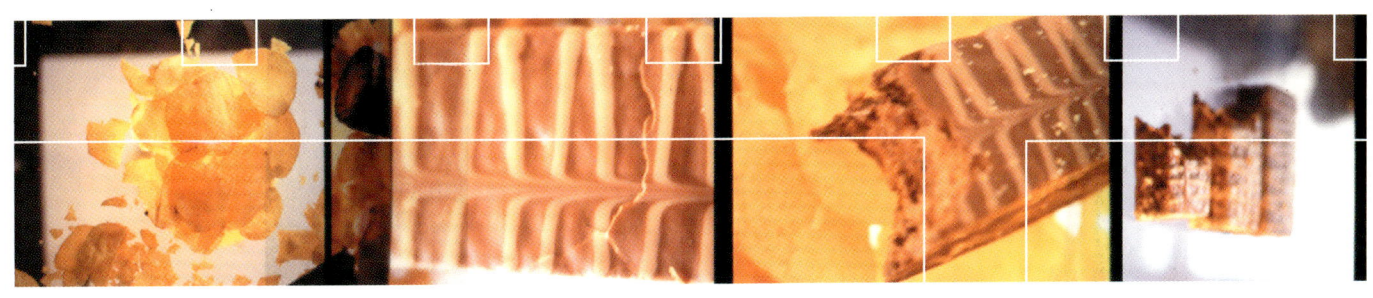

schnell nach hause

die schlange an der kasse war so lang, ich habe alles gekauft, was ich wollte,

die schlange an der kasse war so lang, ich habe alles gekauft, was ich wollte,

alles so teuer schnell nach hause

das ist geil, ich kann das alles essen, so viel wie ich will, das ist geil,
ich kann das alles essen, so viel wie ich will das ist geil, ich kann das alles essen
ich liebe dieses essen, ich kann jetzt davon so viel wie ich will essen, ich muss mich nicht zurückhalten,
endlich so viel essen, wie ich will,
das ist geil, ich kann das alles essen, so viel wie ich will

will so viel wie ich will
am liebsten hätte ich im supermarkt schon angefangen, jetzt endlich **endlich**

schnell nach hause
endlich essen

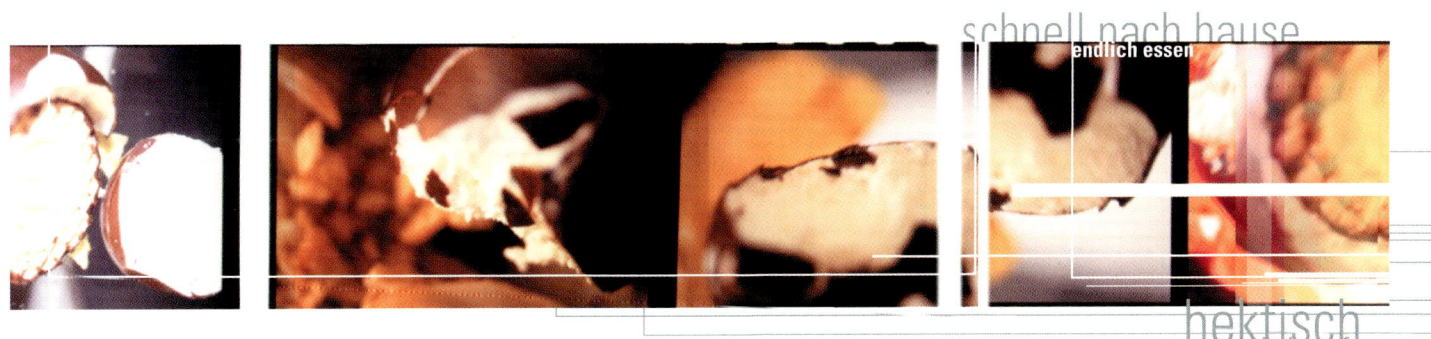

hektisch
einkaufen
ich merke, wie ich alles in mich stopfe.

trinken
viel trinken dann rutscht es nachher schneller raus

trinken, dann rutscht es nachher schneller raus

rutscht es nachher schneller raus

endlich darf ich fressen

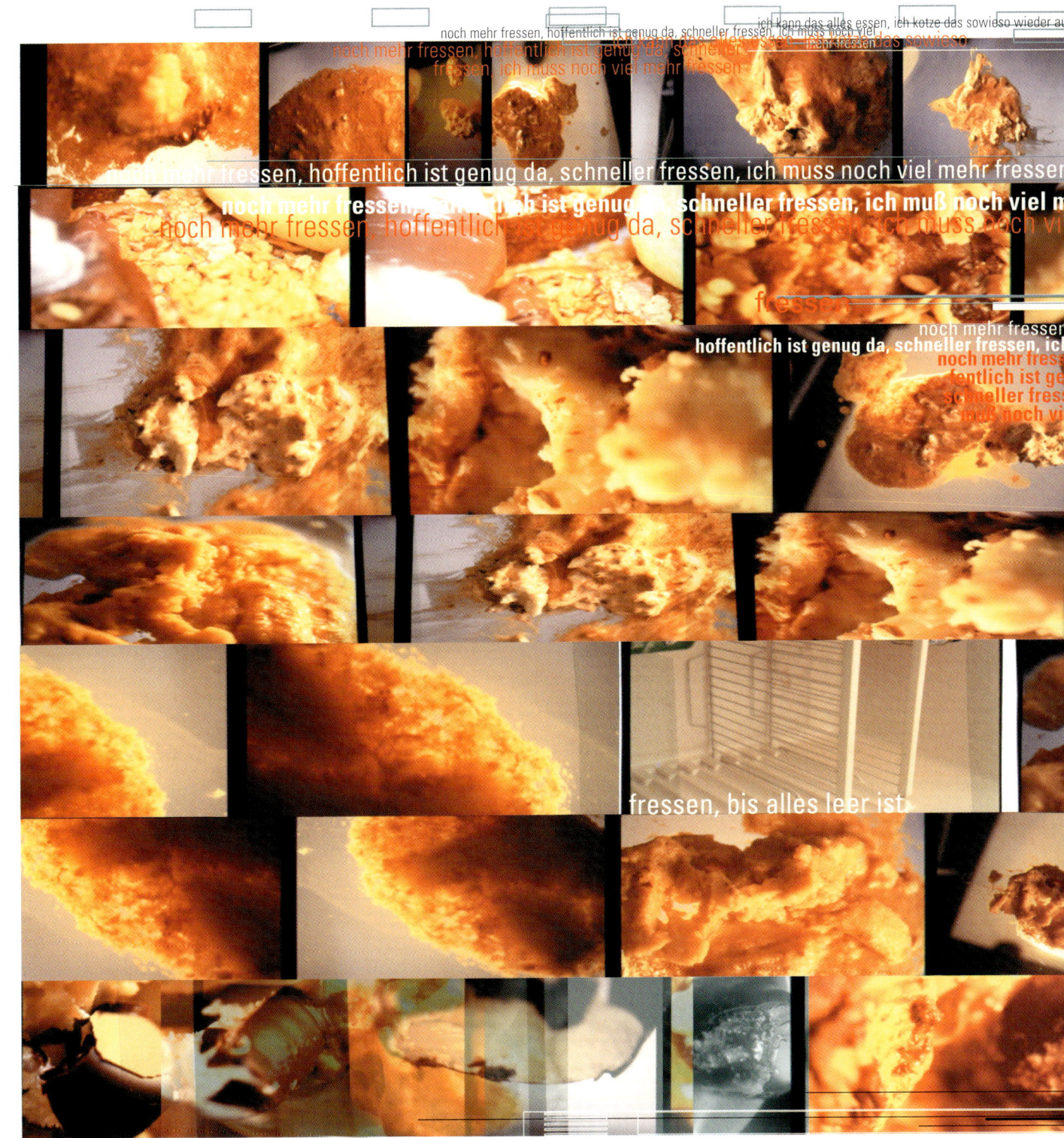

ich kann das alles essen, ich kotze das sowieso wieder au

noch mehr fressen, hoffentlich ist genug da, schneller fressen, ich muss noch viel

noch mehr fressen, hoffentlich ist genug da, schneller fressen, mehr fressen das sowieso

fressen, ich muss noch viel mehr fressen

noch mehr fressen, hoffentlich ist genug da, schneller fressen, ich muss noch viel mehr fressen

noch mehr fressen, hoffentlich ist genug da, schneller fressen, ich muß noch viel m

noch mehr fressen, hoffentlich ist genug da, schneller fressen, ich muss noch vi

fressen

noch mehr fresser

hoffentlich ist genug da, schneller fressen, ich

noch mehr fress

fentlich ist ge

schneller fress

muß noch vi

fressen, bis alles leer ist

ug da, schneller fressen, ich muss noch viel mehr fressen
, hoffentlich ist genug da, schneller fressen, ich muss
ssen

ch mehr fressen, hoffentlich ist genug da, schneller fressen,
h muß noch viel mehr fressen, hoffentlich ist genug da, schneller fressen, ich muß noch viel mehr fressen
hoffentlich ist genug da, schneller fressen, ich muß noch viel mehr fressen
mir wird schlecht
ich kann das alles essen, ich kotze das sowieso wieder aus.
st genug da, schneller fressen,
ch muss noch viel mehr fressen
ich ist genug da,
ller fressen, ich muss
iel mehr fressen

mir ist schlecht, mein bauch platzt gleich, scheiße, das ist voll eklig, warum habe ich das schon wieder gemacht, scheiße, das ist voll eklig, warum habe ich das schon wieder gemacht, gleich scheiße, das ist voll eklig, warum habe ich das schon wieder gemacht, schon wieder gemacht?

scheiße

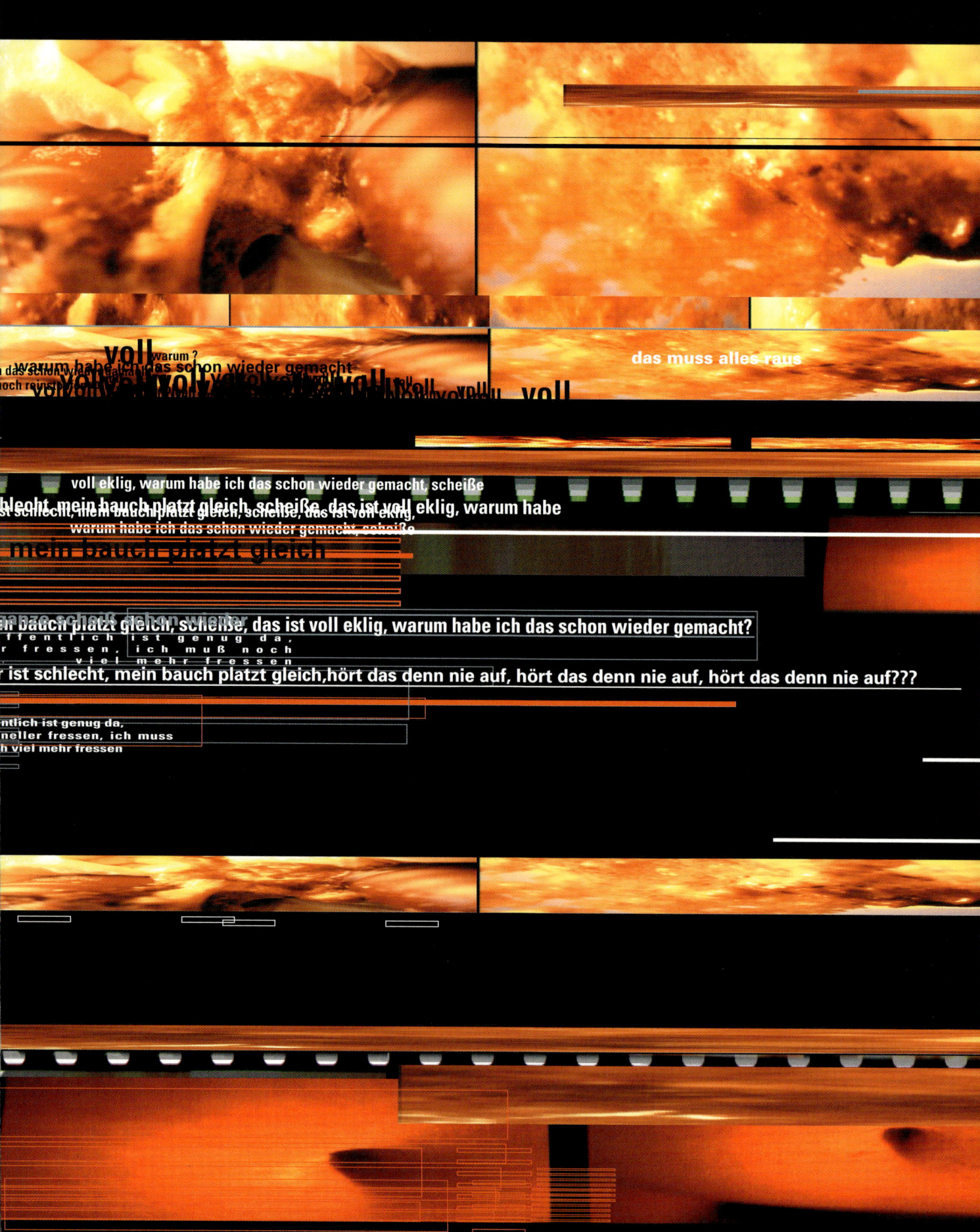

voll warum?

warum habe ich das schon wieder gemacht

voll voll voll voll voll voll voll voll voll

das muss alles raus

voll eklig, warum habe ich das schon wieder gemacht, scheiße

ist schlecht, mein bauch platzt gleich, scheiße, das ist voll eklig, warum habe

warum habe ich das schon wieder gemacht, scheiße

mein bauch platzt gleich

bauch platzt gleich, scheiße, das ist voll eklig, warum habe ich das schon wieder gemacht?

ffentlich ist genug da,
r fressen, ich muß noch
viel mehr fressen

ist schlecht, mein bauch platzt gleich, hört das denn nie auf, hört das denn nie auf, hört das denn nie auf???

ntlich ist genug da,
neller fressen, ich muss
h viel mehr fressen

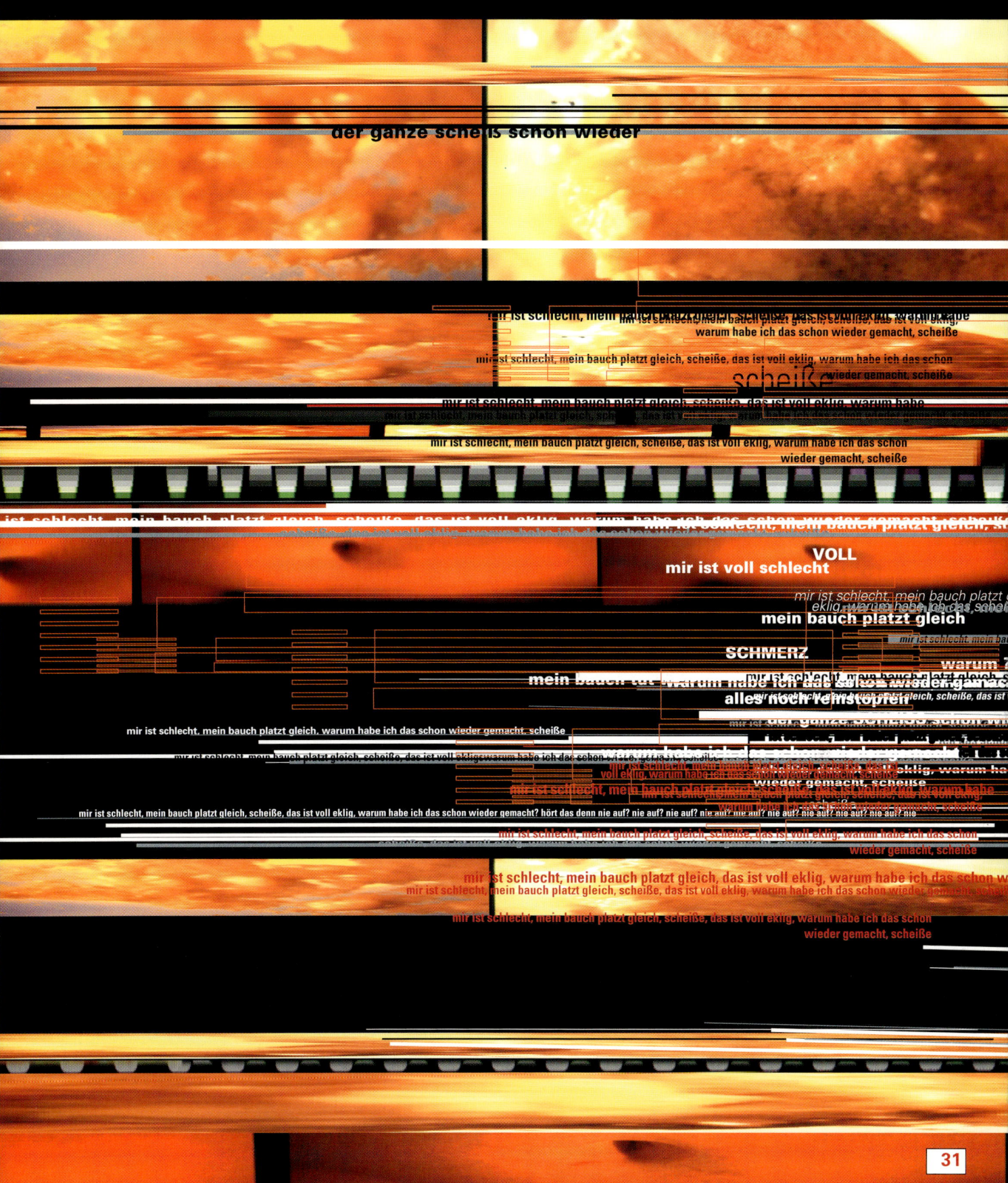

der ganze scheiß schon wieder

mir ist schlecht, mein bauch platzt gleich, das ist voll eklig, warum habe
warum habe ich das schon wieder gemacht, scheiße

mir ist schlecht, mein bauch platzt gleich, scheiße, das ist voll eklig, warum habe ich das schon
scheiße
wieder gemacht, scheiße

mir ist schlecht, mein bauch platzt gleich, scheiße, das ist voll eklig, warum habe

mir ist schlecht, mein bauch platzt gleich, scheiße, das ist voll eklig, warum habe ich das schon
wieder gemacht, scheiße

VOLL
mir ist voll schlecht

mir ist schlecht, mein bauch platzt gleich
eklig, warum habe ich das schon

mein bauch platzt gleich

mir ist schlecht, mein bau

SCHMERZ

warum ?

mein bauch tut weh **warum habe ich das schon wieder gemacht**

alles noch reinstopfen

mir ist schlecht, mein bauch platzt gleich, warum habe ich das schon wieder gemacht, scheiße

warum habe ich das schon wieder gemacht

wieder gemacht, scheiße

mir ist schlecht, mein bauch platzt gleich, scheiße, das ist voll eklig, warum habe ich das schon wieder gemacht? hört das denn nie auf? nie auf? nie auf? nie auf? nie auf? nie

mir ist schlecht, mein bauch platzt gleich, das ist voll eklig, warum habe ich das schon w
mir ist schlecht, mein bauch platzt gleich, scheiße, das ist voll eklig, warum habe ich das schon wieder gemacht, scheiße

mir ist schlecht, mein bauch platzt gleich, scheiße, das ist voll eklig, warum habe ich das schon
wieder gemacht, scheiße

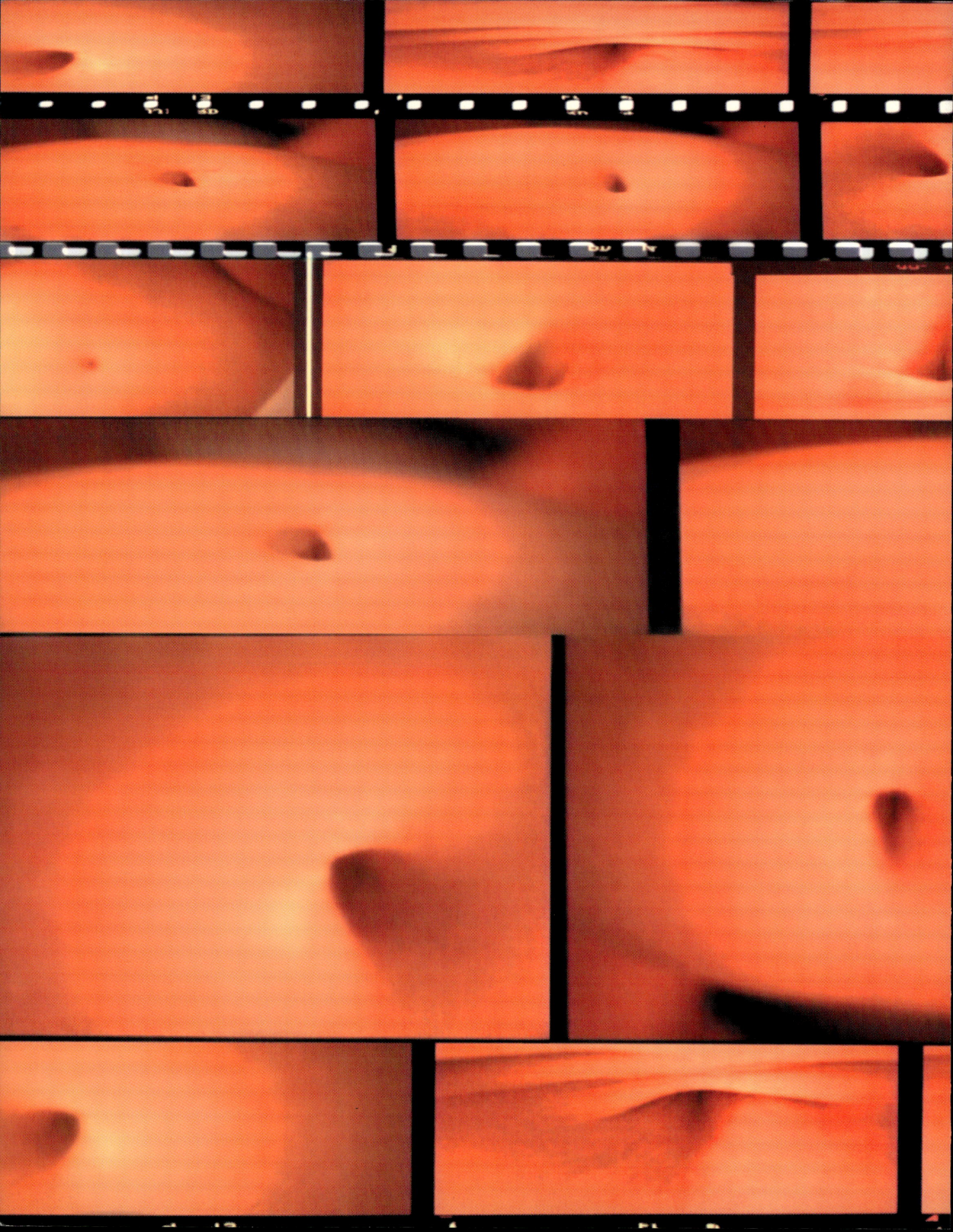

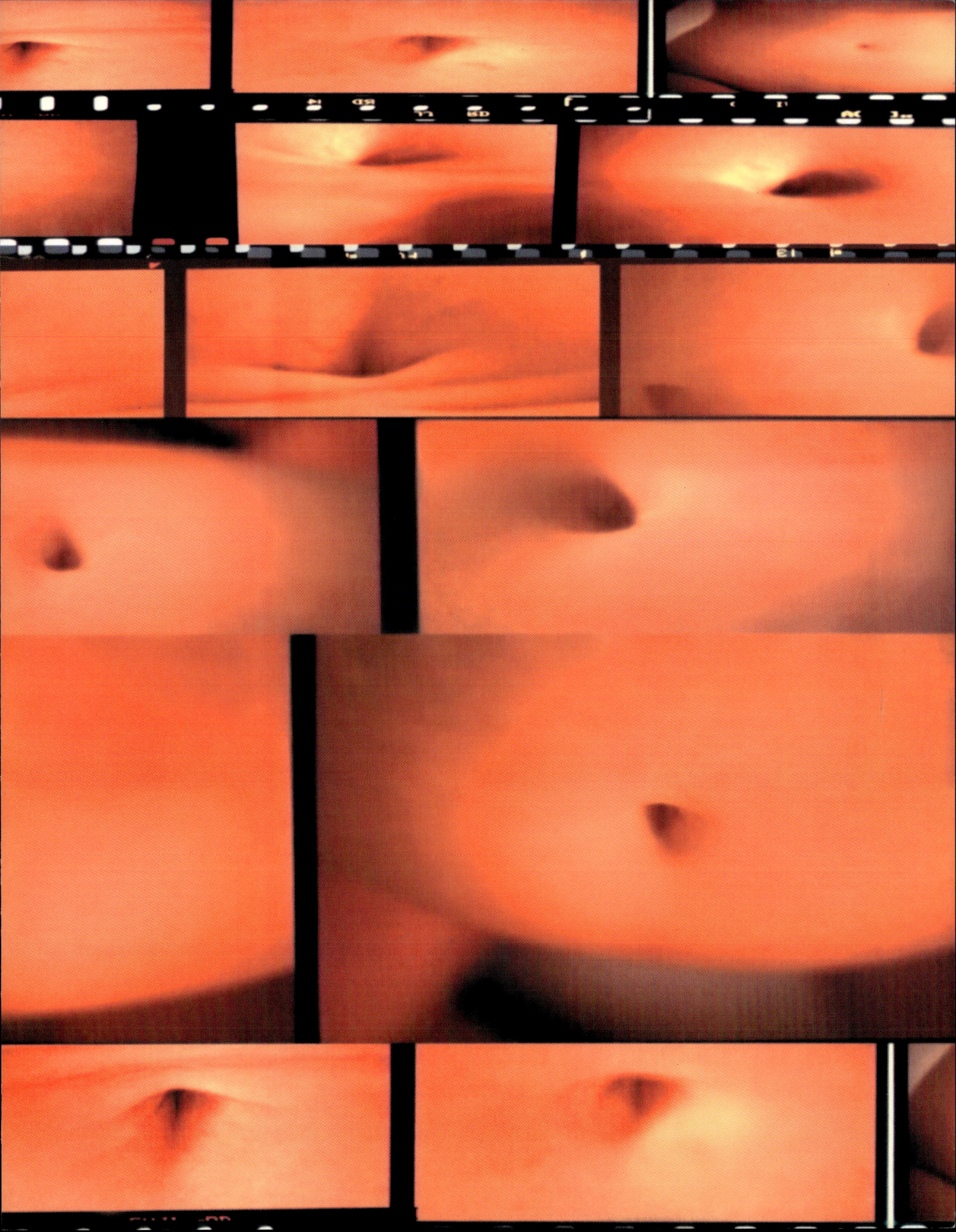

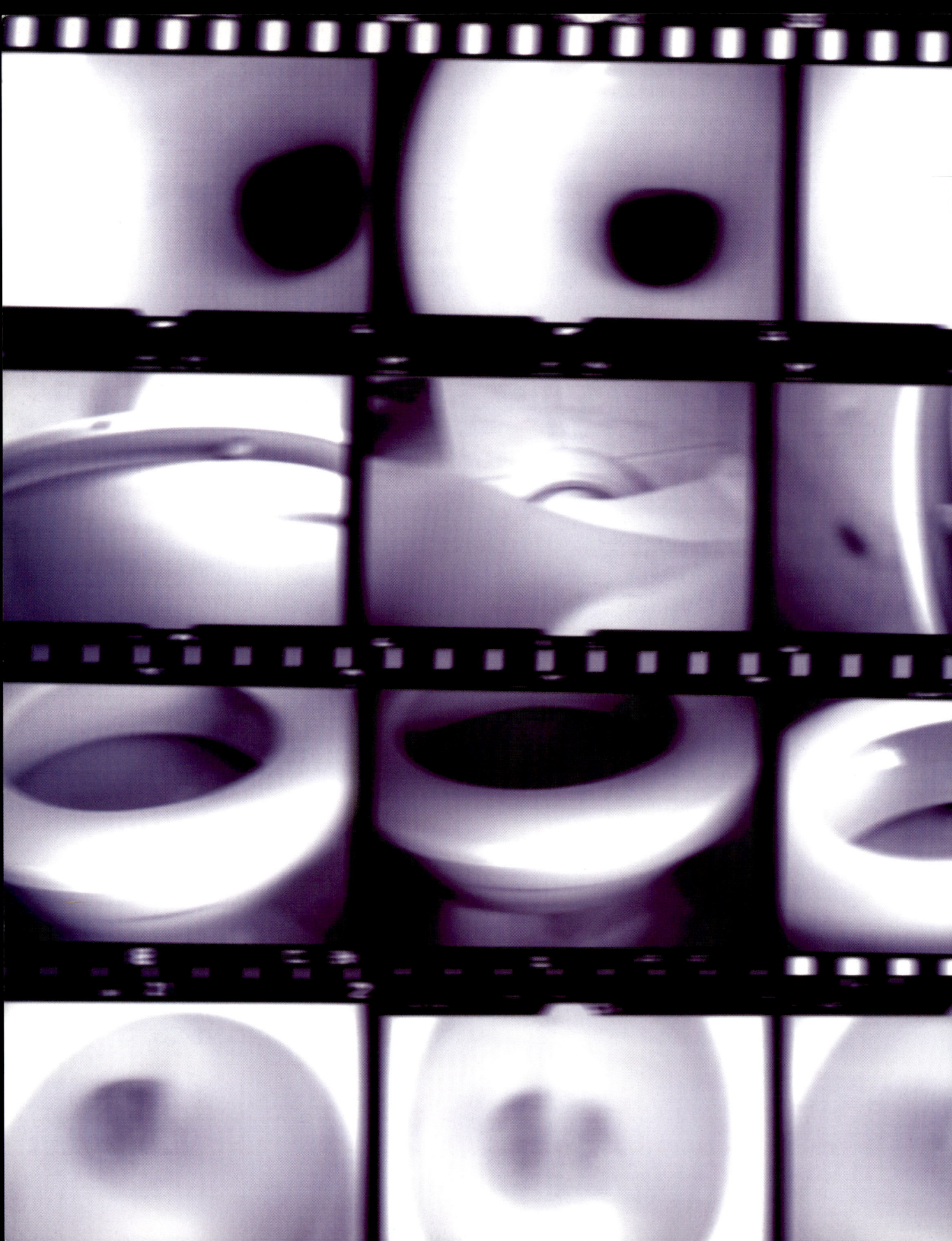

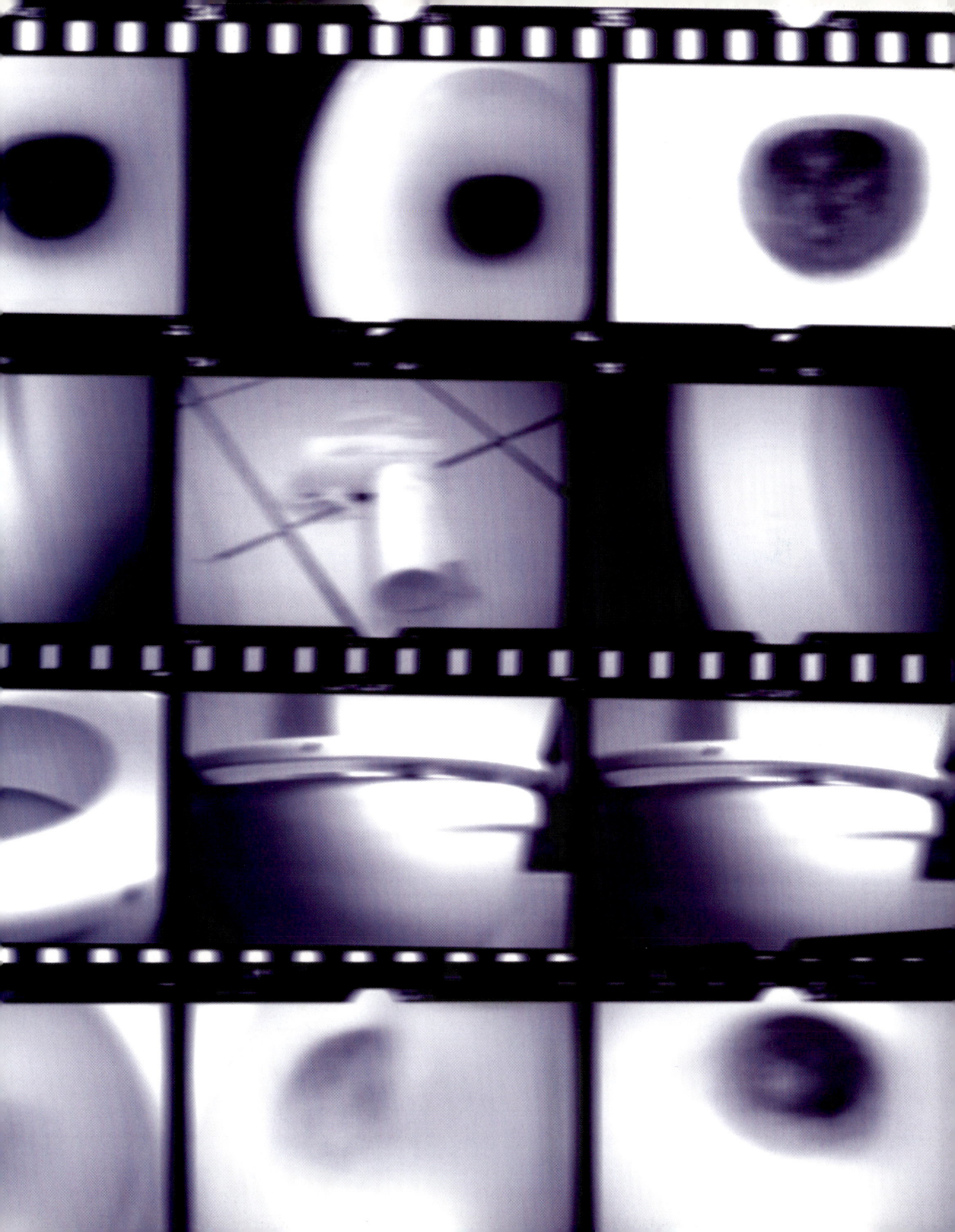

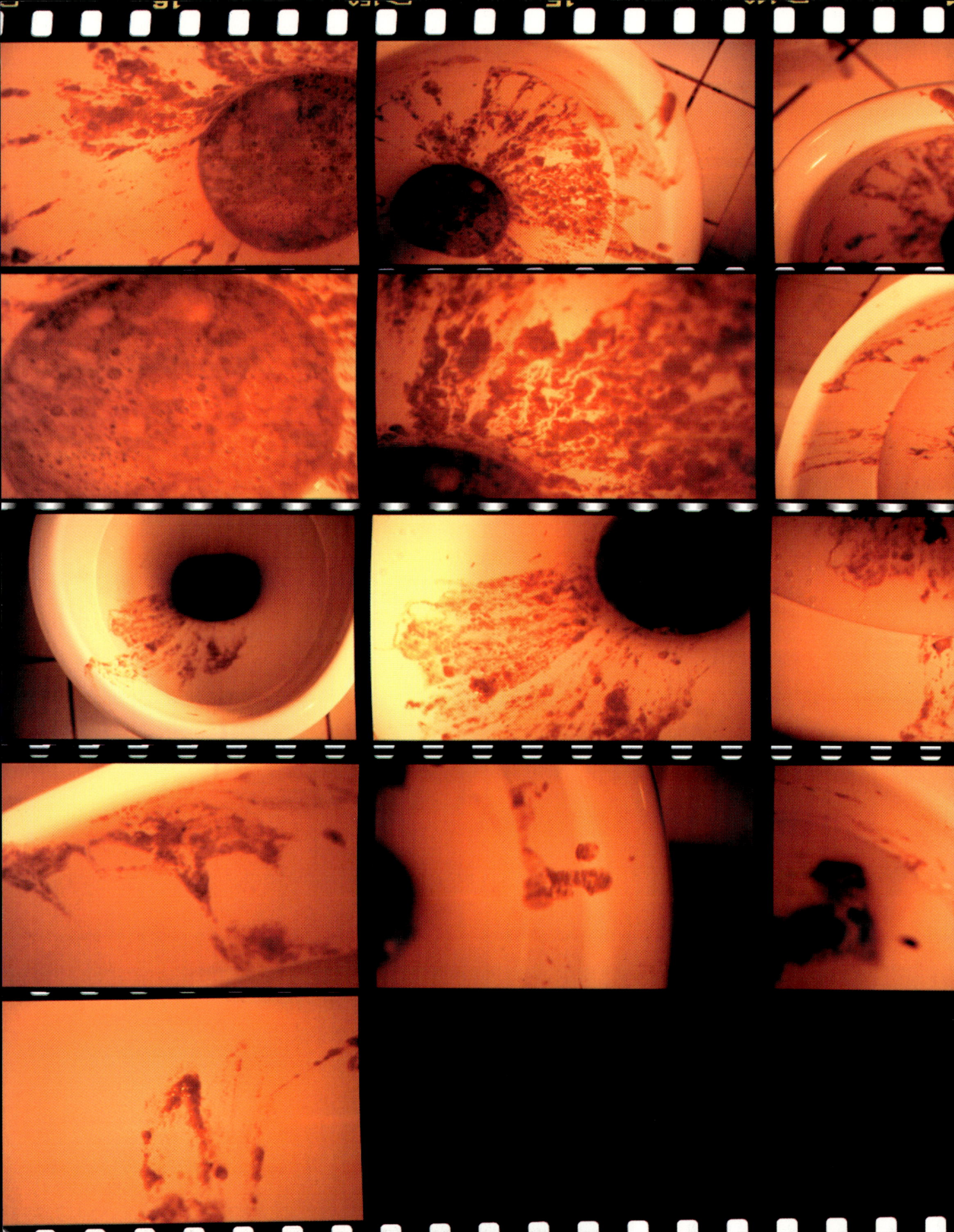

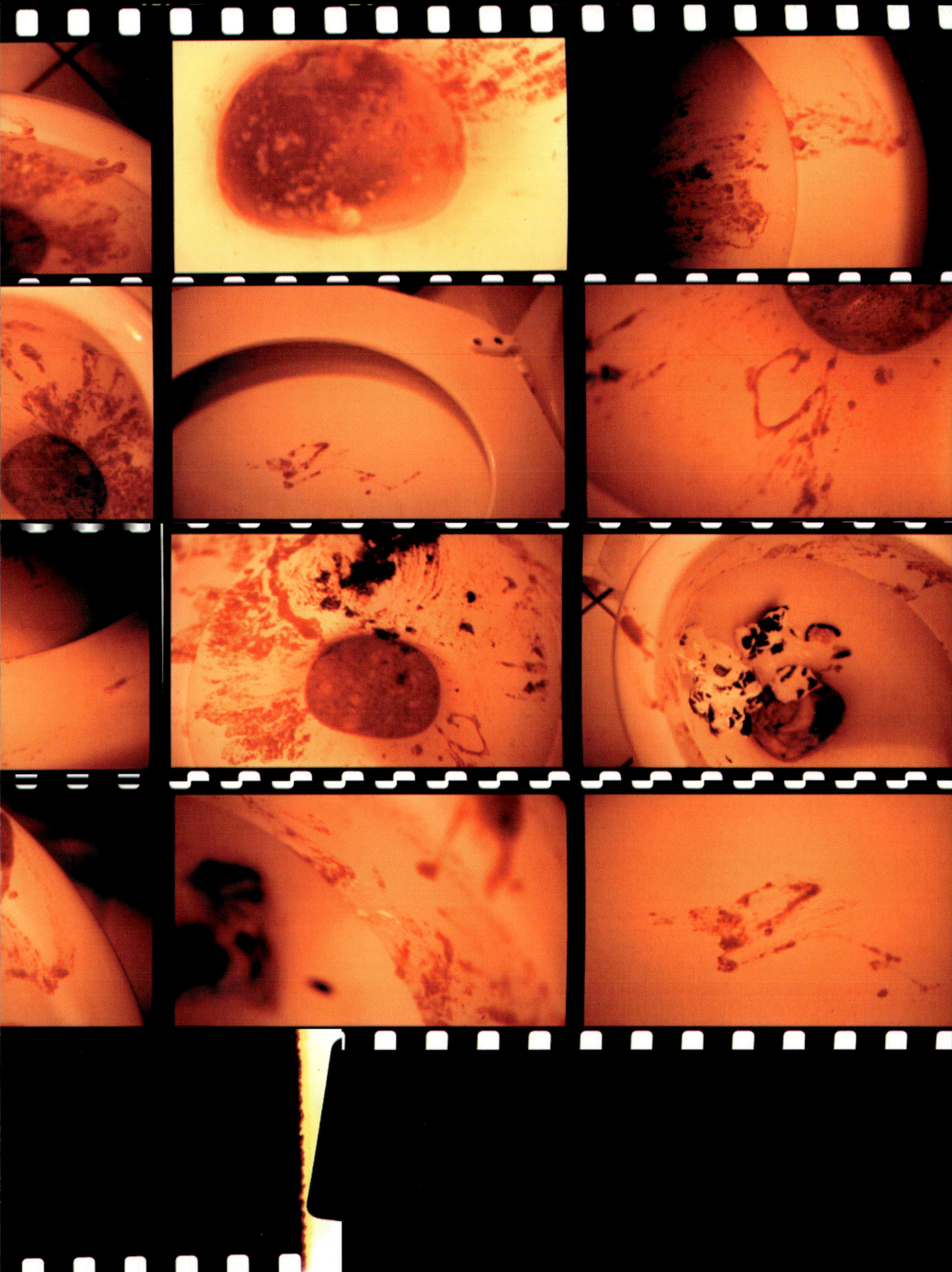

warum der ganze scheiß schon wieder??

warum habe ich das schon wieder gemacht ?

warum ?

warum ?

mir ist schlecht, mein bauch platzt gleich, scheiße, das ist voll eklig, scheiße,

mein bauch platzt gleich, scheiße, das ist voll eklig, warum habe ich das schon wieder

SCHMERZ

VOLL

alles noch reinstopfen

mein bauch tut weh

warum habe ich das schon wieder gemacht

mir ist voll schlecht

warum habe ich das schon wieder

mir ist schlecht, mein bauch platzt gleich, scheiße, das ist voll eklig, warum habe ich das schon wieder

VOLL

mir ist schlecht, mein bauch platzt gleich, scheiße, das ist voll eklig, warum

mein bauch tut weh

warum habe ich das schon wieder gemacht

mir ist voll schlecht

hört das denn nie auf?

SCHMERZ

mein bauch platzt gleich

mir ist schlecht, mein bauch platzt gleich, warum habe ich das schon wieder

mein bauch tut weh warum habe ich das schon wieder gemacht

scheiße

alles noch reinstopfen

mein bauch platzt gleich, scheiße, das ist

warum ?

der ganze scheiß schon wieder.

warum habe ich das schon wieder gemacht

mir ist schlecht, mein bauch platzt gleich, scheiße, das ist voll

warum habe ich das schon wieder gemacht

mir ist schlecht, mein bauch platzt gleich, scheiße, das ist voll

eklig, warum habe ich das schon wieder gemacht, scheiße

warum verdammt??

mein bauch platzt gleich,

VOLL

mir ist schlecht, mein bauch platzt gleich, scheiße, da

SCHMERZ

warum habe

mir ist schlecht, mein bauch platzt gleich, scheiße, das ist voll eklig,

warum habe ich das schon wieder gemacht

mein bauch tut weh

mein bauch tut weh

alles noch reinstopfen

warum ?

warum habe ich das schon wieder gemacht ?

alles noch reinstopfen

mein bauch platzt gleich

warum habe ich das schon wieder gemacht

SCHMERZ

warum ?

warum?

ich weiß nicht, warum ich das mache, das ist doch total abartig, absolut abartig, ich verstehe das nicht, hört das denn nie auf?

ich bin so scheiße!

ich fühle mich eklig, ich schäme ich.

Viele BulimikerInnen haben Selbstmordgedanken.
Die Suizidrate ist bei Bulimie-Kranken erschreckend
hoch und liegt je nach Studie zwischen 5 und 20%.

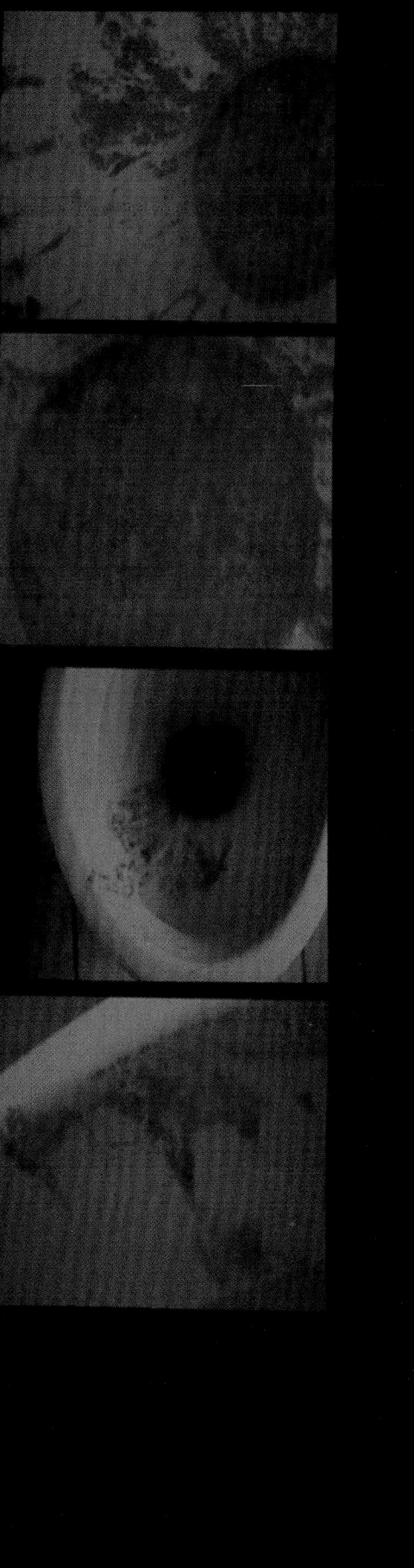

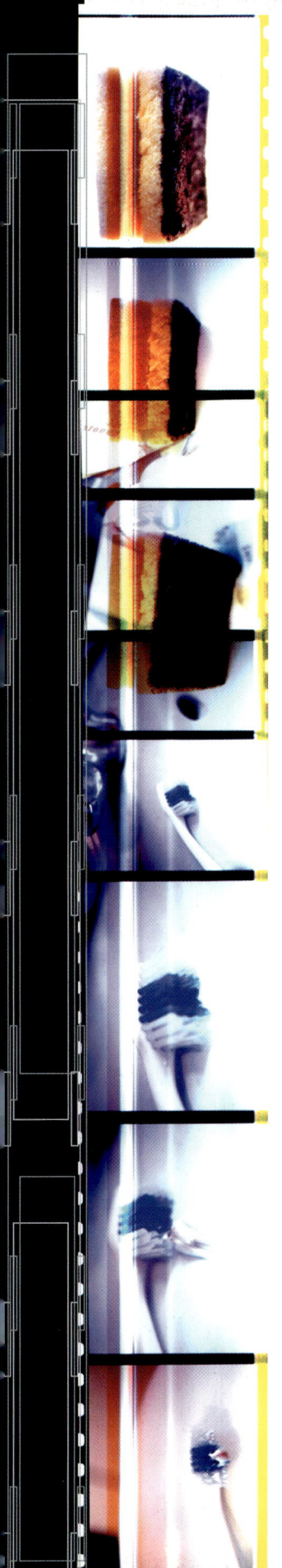

Wenn das Essen erbrochen ist, folgt oft ein festes Reinigungsritual. Die Betroffenen säubern das Bad, die Küche und sich selbst. Der Geruch des Erbrochenen bleibt meistens noch Stunden an den Fingern haften. Der Rachen brennt und schmerzt wegen der Verletzungen, die die Fingernägel beim hektischen Erbrechen verursachen können.

Diese Essanfälle sind harte Realität
für BulimikerInnen. Sie sind Zeichen
für Lebensumstände, mit denen die
Betroffenen nicht zurechtkommen.
Sie erzeugen durch Essen und Erbrechen einen Rauschzustand, der vor-
übergehend Spannungen abbaut und
die Wirklichkeit für eine Zeit ausblen-
det. Körperliche Beschwerden, innere Leere und massive Schuldgefühle
sind die Folge.

warum mache ich das? eigentlich muss es mir doch gut gehen!

keine ernsthaften schwierigkeiten.

ich habe keine schlimme krankheit, habe einen arbeitsplatz, eine eigene wohnung, ein auto und freunde. ich sehe ganz gut aus, habe

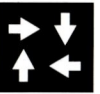

ich müsste auch keinen hunger leiden, wie viele anderen menschen auf der welt.

warum kann ich nicht dankbar sein und mache mir selber so unnütze probleme?

warum kann ich nicht einfach kalorienarm essen, schlank sein und mein leben genießen?

warum kann ich nicht normal essen, sondern fresse immer *so, dass ich fett werde?*

Die

Betroffenen

schämen sich sehr für

ihr gieriges und abartiges Verhalten. Sie verstehen ihr

Handeln nicht. Sie machen sich und ihre mangelnde Disziplin

verantwortlich. Sie fühlen sich schuldig. Sie erleben den eigenen

Körper als Feind, der ihren Vorstellungen und Zielen mit

unerlaubten Bedürfnis-

sen im Weg

steht.

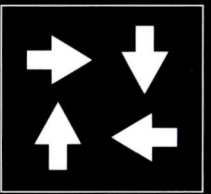

der Teufelskreis

44 – 51

Die bulimische Störung des Essverhaltens kann ganz unauffällig und schleichend beginnen, bis die Kontrolle über das eigene Handeln immer mehr entgleitet. Die Betroffenen wollen unbedingt abnehmen, egal ob sie wirklich übergewichtig sind oder sich nur zu dick fühlen.

ICH MUSS MEIN ESSVERHALTEN MEHR KONTROLLIEREN. ICH MUSS DISZIPLINIERTER SEIN. ICH MUSS DIÄT HALTEN. ICH MUSS MEIN ESSVERHALTEN MEHR KONTROLLIEREN. ICH MUSS DISZIPLINIERTER SEIN. ICH MUSS DIÄT HALTEN. ICH MUSS MEIN ESSVERHALTEN MEHR KONTROLLIEREN. ICH MUSS DISZIPLINIERTER SEIN. ICH MUSS DIÄT HALTEN. ICH MUSS MEIN ESSVERHALTEN MEHR KONTROLLIEREN. ICH MUSS DISZIPLINIERTER SEIN. ICH MUSS DIÄT HALTEN. ICH MUSS MEIN ESSVERHALTEN MEHR KONTROLLIEREN. ICH MUSS DISZIPLINIERTER SEIN. ICH MUSS DIÄT HALTEN. ICH MUSS MEIN ESSVER-HALTEN MEHR KON-TROLLIEREN. ICH MUSS DISZIPLINIERTER SEIN. HALTEN. ICH MUSS MEIN ESSVER-TROLLIEREN. ICH MUSS DISZIPLI-HALTEN. ICH MUSS MEIN ESSVERHALTEN MEHR KONTROLLIEREN. ICH MUSS DISZIPLINIERTER SEIN. ICH MUSS DIÄT HALTEN. ICH MUSS MEIN ESSVERHALTEN MEHR KONTROLLIEREN. ICH MUSS DISZIPLINIERTER SEIN. ICH MUSS DIÄT HALTEN. ICH MUSS MEIN ESSVERHALTEN MEHR KONTROLLIEREN. ICH MUSS DISZIPLINIERTER SEIN. ICH MUSS DIÄT

ICH HABE HUNGER, ICH HABE HUNGER, ICH HABE HUNGER, ICH HABE HUNGER, ICH HABE HUNGER, ICH HABE HUNGER, ICH HABE HUNGER, ICH HABE HUNGER, ICH HABE HUNGER, ICH HABE HUNGER, ICH HABE HUNGER, ICH HABE HUNGER, ICH HABE HUNGER, ICH HABE HUNGER, ICH HABE HUNGER, ICH HABE HUNGER, ICH HABE HUNGER, ICH HABE HUNGER, ICH HABE HUNGER, ICH HABE HUN-GER, ICH HABE HUNGER, ICH HABE HUNGER, ICH HABE HUNGER, ICH HABE HUNGER, ICH HABE HUN-GER, ICH HABE HUNGER, ICH HUNGER, ICH HABE HUNGER, HABE HUNGER, ICH HABE HUNGER, ICH HABE HUNGER, ICH HABE ICH HABE HUNGER, ICH MUSS HUNGER, ICH HALTEN HABE HUNGER, HABE HUNGER, ICH TROLLIEREN. ICH HABE HUNGER, ICH HABE HUNGER, ICH HABE HUNGER, ICH HABE HUNGER, ICH HABE HUNGER, ICH HABE HUN-GER, ICH HABE HUNGER, HUNGER, ICH HABE HUNGER, ICH HABE HUNGER, ICH HABE HUNGER, ICH HABE HUNGER, ICH HABE HUNGER, ICH HABE HUN-GER, ICH HABE HUNGER, ICH HABE HUNGER, ICH HABE HUNGER, ICH HABE HUNGER, ICH HABE HUNGER,

ICH DARF NICHT ZUNEHMEN. ICH KOTZE ALLES WIEDER AUS. ICH MACHE EXTREMEN SPORT. ICH NEHME ABFÜHRMITTEL. ICH HUNGERE. ICH DARF NICHT ZUNEHMEN. ICH KOTZE ALLES WIEDER AUS. ICH MACHE EXTREMEN SPORT. ICH NEHME ABFÜHRMITTEL. ICH HUNGERE. ICH DARF NICHT ZUNEHMEN. ICH KOTZE ALLES WIEDER AUS. ICH MACHE EXTREMEN SPORT. ICH NEHME ABFÜHRMITTEL. ICH HUNGERE. ICH DARF KOTZE ALLES WIEDER AUS. SPORT. ICH NEHME AB-HUNGERE. ICH DARF ICH KOTZE ALLES MACHE EXTREMEN ME ABFÜHRMITTEL. ICH HUN-NEHMEN. ICH KOTZE ALLES EXTREMEN SPORT. ICH NEHME GERE. ICH DARF NICHT ZU-WIEDER AUS. ICH MACHE EX-ABFÜHRMITTEL. ICH HUNGERE. MEN. ICH KOTZE ALLES WIEDER AUS. ICH MACHE EXTREMEN SPORT. ICH NEHME ABFÜHRMITTEL. ICH HUNGERE. ICH DARF NICHT ZUNEHMEN. ICH KOTZE ALLES WIEDER AUS. ICH MACHE EXTREMEN SPORT. ICH NEHME ABFÜHRMITTEL. ICH HUNGERE. ICH DARF NICHT ZUNEHMEN. ICH KOTZE ALLES WIEDER AUS. ICH MACHE EXTREMEN SPORT. ICH

ICH HALTE DEN HUNGER NICHT MEHR AUS. ICH MUSS FRESSEN. ICH KANN NICHT ANDERS, ICH FRESSE GANZ VIEL. ICH HALTE DEN HUNGER NICHT MEHR AUS. ICH MUSS FRESSEN. ICH KANN NICHT ANDERS, ICH FRESSE GANZ VIEL. ICH HALTE DEN HUNGER NICHT MEHR AUS. ICH MUSS FRESSEN. ICH KANN NICHT ANDERS, ICH FRESSE GANZ VIEL. ICH HALTE DEN HUNGER NICHT MEHR AUS. ICH MUSS FRESSEN. ICH KANN NICHT ANDERS, ICH FRESSE GANZ VIEL. ICH HALTE DEN HUNGER NICHT MEHR AUS. ICH MUSS KANN NICHT ANDERS, ICH FRESSE FRESSEN. ICH KANN NICHT GANZ VIEL. ICH HALTE DEN NICHT MEHR ICH MUSS FRES-KANN NICHT FRESSE GANZ HUNGER NICHT MEHR AUS. ICH NICHT ANDERS, ICH FRESSE GANZ NICHT MEHR AUS. ICH MUSS FRESSEN. ICH KANN NICHT ANDERS, ICH FRESSE GANZ VIEL. ICH HALTE DEN HUNGER NICHT MEHR AUS. ICH MUSS FRESSEN. ICH KANN NICHT ANDERS, ICH FRESSE GANZ VIEL. ICH HALTE DEN HUNGER NICHT MEHR AUS. ICH MUSS FRESSEN. ICH KANN NICHT ANDERS, ICH FRESSE GANZ

Bei dem Versuch abzunehmen lassen die Betroffenen nur sehr wenig oder keine Nahrung zu. Das führt zu einer Senkung des Blutzuckerspiegels. Ein ausgeprägtes Hungergefühl ist die Folge. Der Körper entwickelt einen Heißhunger auf schnell verfügbare Energie; also besonders zucker- und fetthaltige Nahrung. So versagt die Kontrolle nach einer gewissen Zeit und schlägt in eine Essattacke um. Als Reaktion darauf verstärken die Betroffenen das Kontrollverhalten. Das führt jedoch wiederum zur nächsten Attacke. Auf diese Weise entsteht ein Teufelskreis aus Mangelernährung, Scham, Selbsthass und Angst vor Gewichtszunahme.

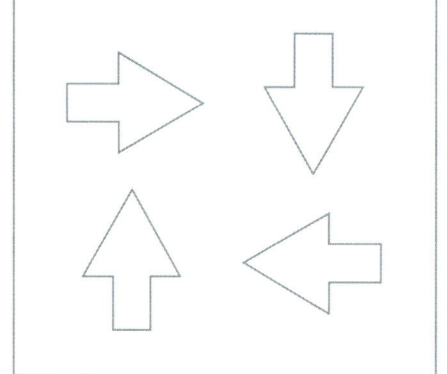 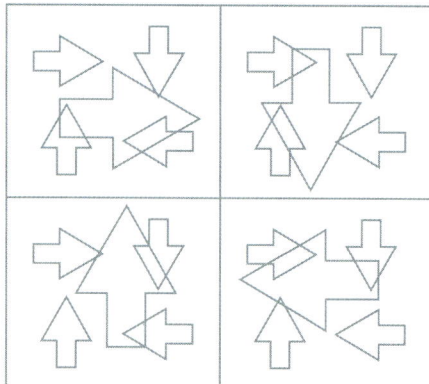

ich will nicht so dick sein, ich muss nur weniger essen.

ich hasse diesen hunger **hunger.**

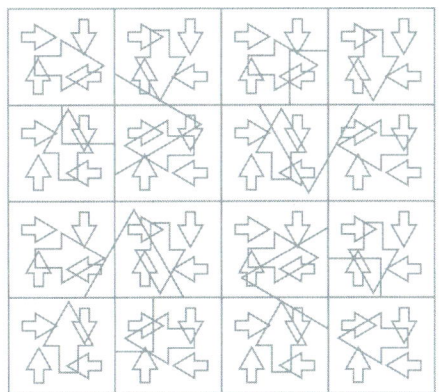

Die Betroffenen denken, sie könnten ihr Essverhalten unter Kontrolle bringen, wenn sie sich nur ausreichend anstrengen würden. So führen Misserfolge immer wieder zu Schuldgefühlen und Selbstabwertungen. Dabei kann nur eine Ernährung mit genügend Kohlenhydraten, Fett und Eiweiß den Teufelskreis durchbrechen. **Nicht Willensschwäche ist das eigentliche Problem, sondern der physische und psychische Mangelzustand, der durch Überessen und Erbrechen, Abführmittelmissbrauch usw. aufrecht erhalten wird.**

nicht zunehmen

hunger

auskotzen

ich muss einfach so'n zeug essen, ich kann mich nicht dagegen wehren.

ich weiß nicht, wie ich mich dagegen wehren soll.

ich habe keine disziplin.

Viele Betroffenen sind sich der Schwere ihrer Erkrankung nicht bewusst. Bulimie kann starke körperliche Schäden zur Folge haben.

Magen, Speiseröhre, Herz und Nieren können schwer geschädigt werden. Häufig kommt es zu chronischen Entzündungen der Speiseröhre und des Magens. Die Betroffenen leiden auch oft an Schwindel- und Ohnmachtsanfällen. Darüber hinaus zerstört das Erbrochene den Zahnschmelz, so dass schwere Zahnschäden auftreten können. Die Gefahr nimmt zu, Osteoporose (Knochenschwund) zu bekommen. Viele Betroffene leiden unter Menstruationsunregelmäßigkeiten. Durch die Mangelernährung werden dem Körper lebenswichtige Nährstoffe vorenthalten. Der Vitaminmangel kann neben den schweren physischen Folgeerscheinungen die psychischen Schäden weiter verstärken. Es kommt zu Symptomen wie Müdigkeit, Mattigkeit, Konzentrationsschwäche, Reizbarkeit, Depressionen. **So wird die Essstörung manifestiert.**

eigentlich geht es mir körperlich
nicht so schlecht.

manchmal habe ich ein bisschen magenschmerzen, oder die periode bleibt aus.
meine zähne sind schlechter. neulich hatte ich eine kleine speiseröhrenentzündung.

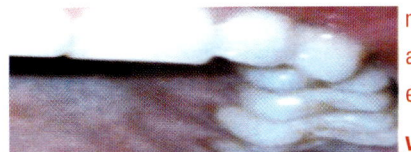

mir ist manchmal schwindelig,
aber umgefallen bin ich erst
einmal.

war aber nicht so schlimm.

ich kann auch noch alle arbeiten ganz gut erledigen.
das ist alles nicht so tragisch.

dafür nehme ich ab!

Neben den gesundheitlichen Schäden kann die Bulimie finanzielle Probleme verursachen. Die Betroffenen geben viel Geld aus, um sich ihre Essattacken finanzieren zu können. Je nach Art und Häufigkeit der Essanfälle verschlingt die Krankheit Unsummen.

die Waage

Die Betroffenen fühlen sich zerfressen von dem Gedanken an Essen, dem nächsten Heißhunger und der Angst vor einer Gewichtszunahme. Ihre Fassade verbirgt diesen inneren Kampf. Sie haben panische Angst vor einer Gewichtszunahme und denken, ohne Bulimie würden sie zunehmen. Der Gedanke, am nächsten Morgen einen Gewichtszuwachs sehen zu müssen, auch wenn es nur 100 g sein sollten, ist für sie unerträglich. **Die Waage ist die Kontrollinstanz. Sie entscheidet über ihr Selbstwertgefühl:**

›Gewichtsabnahme‹

bedeutet Erfolg und verursacht ein schönes und positives Lebensgefühl.

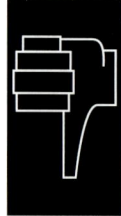

›Gewichtszunahme‹

bedeutet Versagen und löst Panikgefühle und starke Selbstvorwürfe aus.

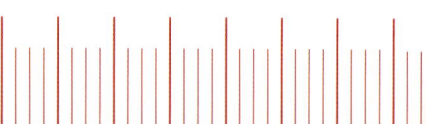

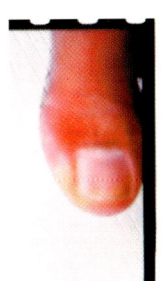
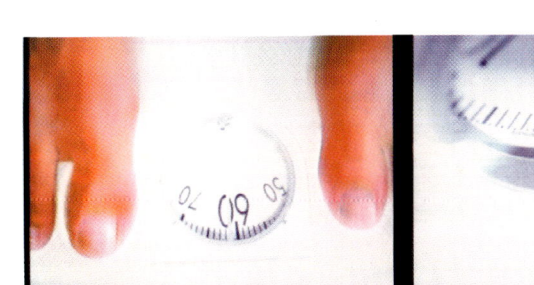

das abnehmen ist mein leben. ich will noch schlanker sein.

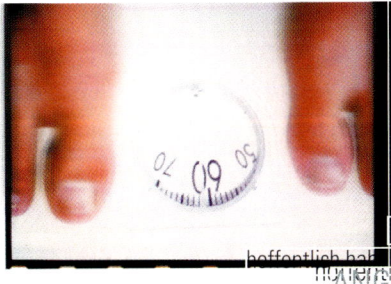

hoffentlich habe ich nicht zugenommen
zugenommen
ANGST zugenommen **zugenommen**
hoffentlich habe ich nicht zugenommen zugenommen ANGST
ANGST zugenommen strafe **strafe**
strafe
zugenommen
hoffentlich habe ich nicht zugenommen **angst** zugenommen zugenommen
zugenommen

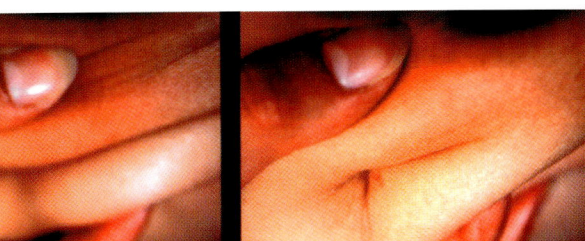
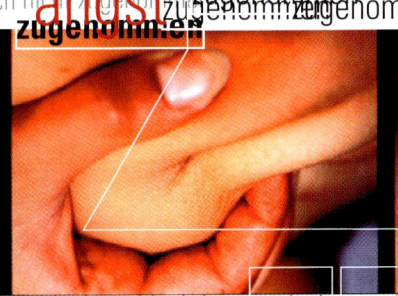
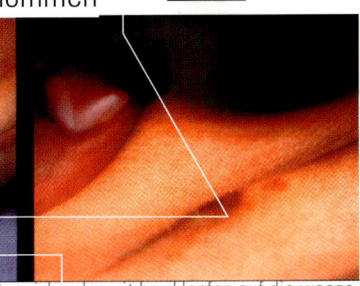

ich wiege mich mindestens zweimal am tag, ich gehe mit herzklopfen auf die waage.

ich habe panik, dass ich zunehme.

ich brauche die bulimie zum abnehmen.
zunehmen ist das schlimmste für mich.

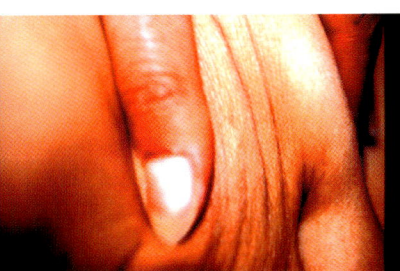
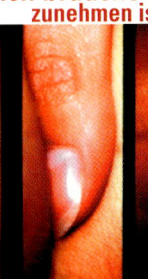
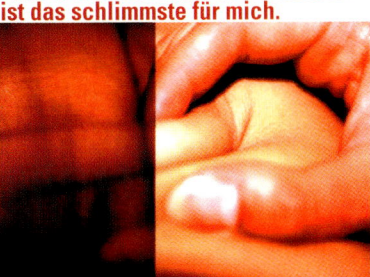

ich habe keine disziplin. Ich habe schon wieder so viel gegessen, so werde ich

nie abnehmen. Ich werde so dick bleiben und nichts wird sich ändern, das essen

muss dann 'raus, ich merke, wie beim essen meine fettpolster wachsen. ich muss zum klo.

Die Waage bekommt einen immer größeren Stellenwert im

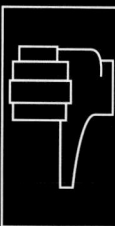

leben.

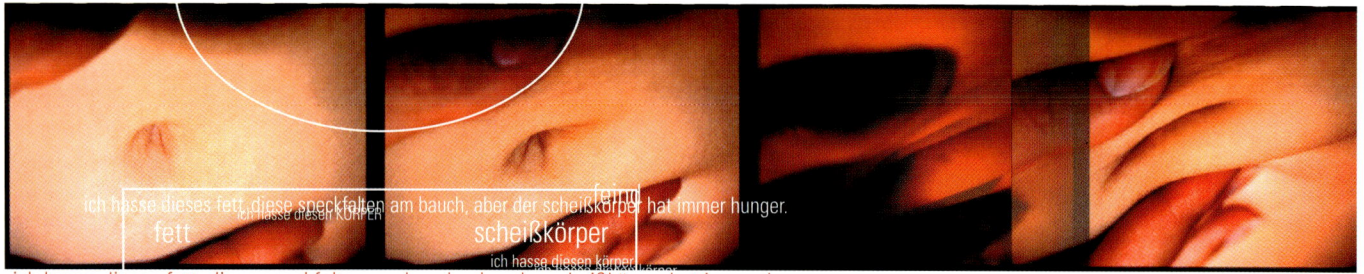

ich hasse dieses fett, diese speckfalten am bauch, aber der scheißkörper hat immer hunger.

fett scheißkörper

ich hasse dieses fett, diese speckfalten am bauch, aber der scheißkörper hat immer hunger.

warum kann ich nicht einfach nichts essen und abnehmen, einfach abnehmen,

abnehmen, abnehmen, abnehmen,   ich bin neidisch auf die vielen dünnen.

die anerkennung bekomme ich, wenn ich schlank bin, dann sehe ich gut aus, dann ist alles viel besser.

das abnehmen ist mein leben. ich will noch schlanker sein.

wichtig ist mein gewicht.

ich muss schlank sein.

ich brauche die bulimie zum abnehmen.
Zunehmen wäre das schlimmste für mich.

der scheißkörper hat immer hunger und wird noch fetter.

ich bin so fett.

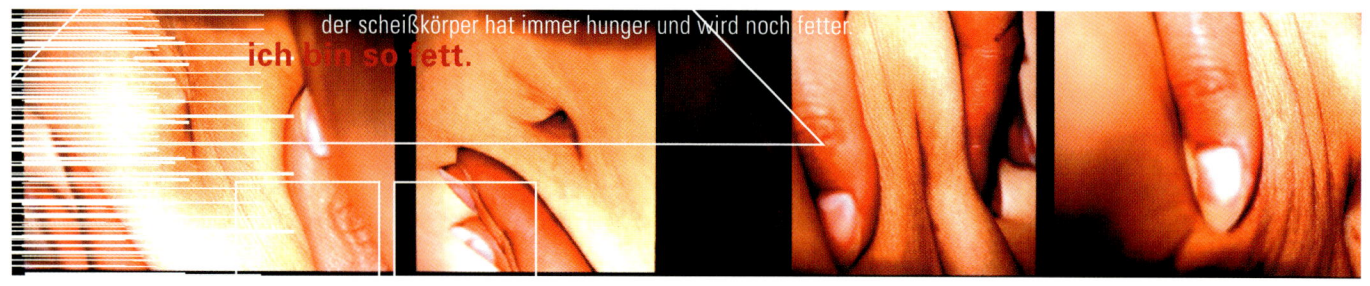

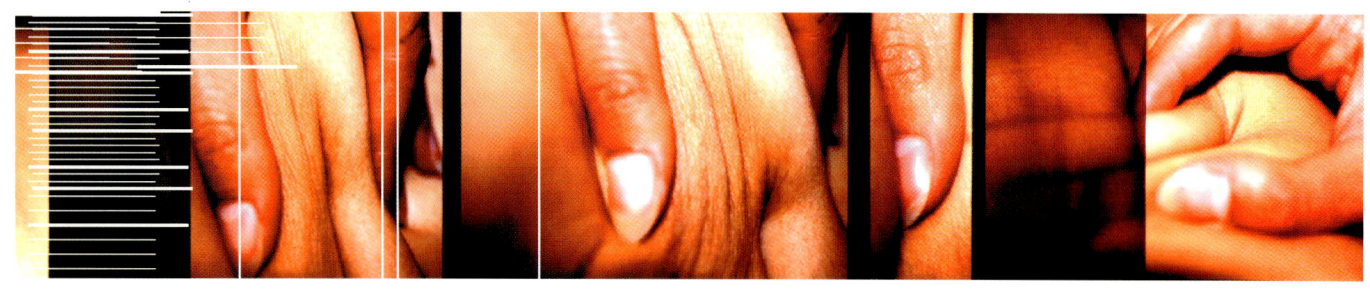

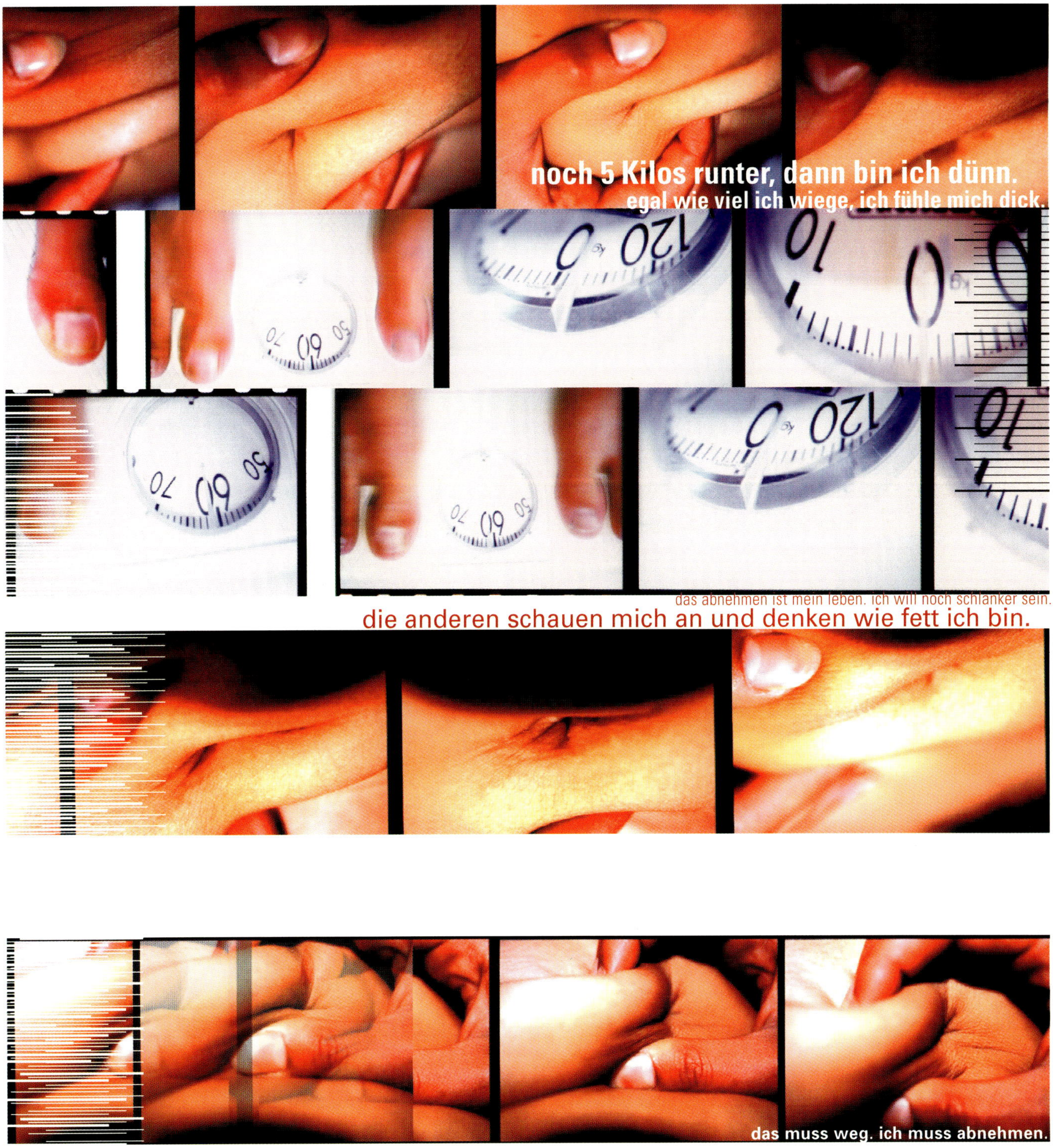

noch 5 Kilos runter, dann bin ich dünn.
egal wie viel ich wiege, ich fühle mich dick.

das abnehmen ist mein leben. ich will noch schlanker sein.
die anderen schauen mich an und denken wie fett ich bin.

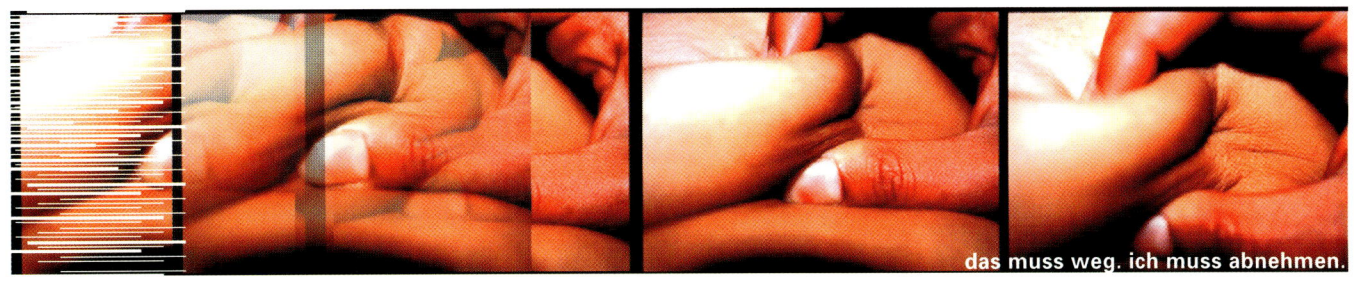

das muss weg. ich muss abnehmen.

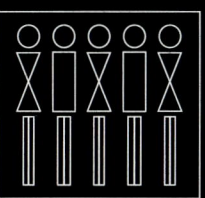

die Gesellschaft
60 – 65

Die Informationsflut nimmt ständig zu. Immer mehr Medien transportieren Wertvorstellungen, an denen sich die Gesellschaft orientiert. Mediale Vorbilder werden zu Meinungsführern und liefern Orientierung in vielen Lebensbereichen. Eines dieser stark penetrierten Ideale ist das Schönheitsbild. Die superschlanken, sportlichen Menschen begegnen uns in den Medien jeden Tag überall. Sehr schlank sind nicht nur die weiblichen, sondern auch zunehmend die männlichen Models. Die in den letzten Jahren gestiegene Anzahl von Essstörungen bei Männern könnte damit im Zusammenhang stehen. Gerade bei jungen Erwachsenen nimmt die Unzufriedenheit mit der eigenen Figur zu. Viele fangen schon früh mit ersten Diäten an, obwohl sie medizinisch gesehen gar nicht übergewichtig sind.

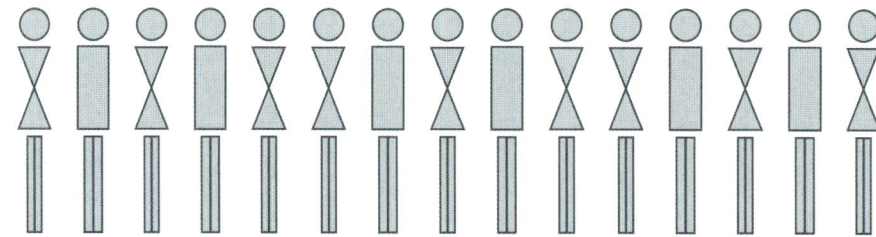

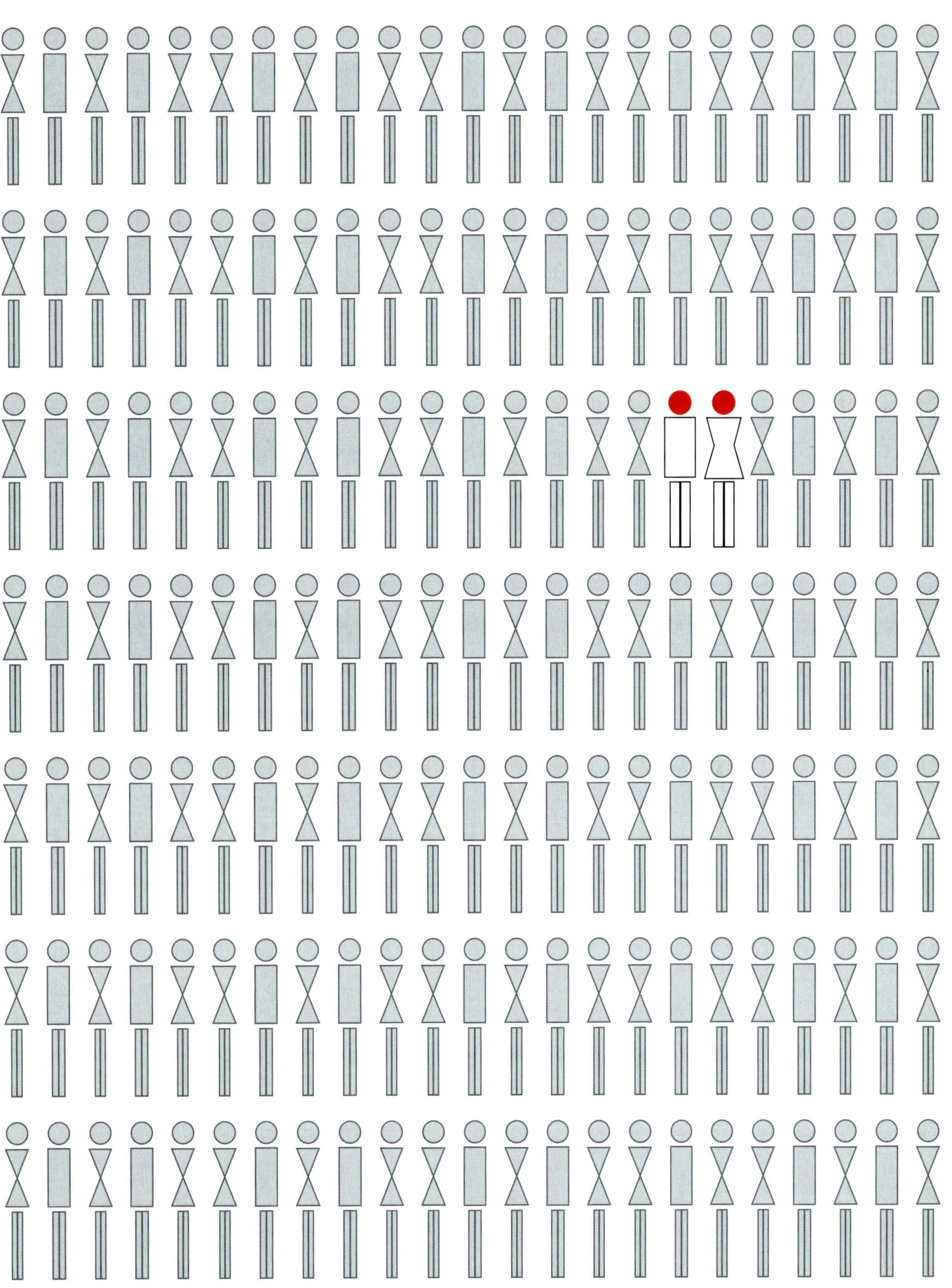

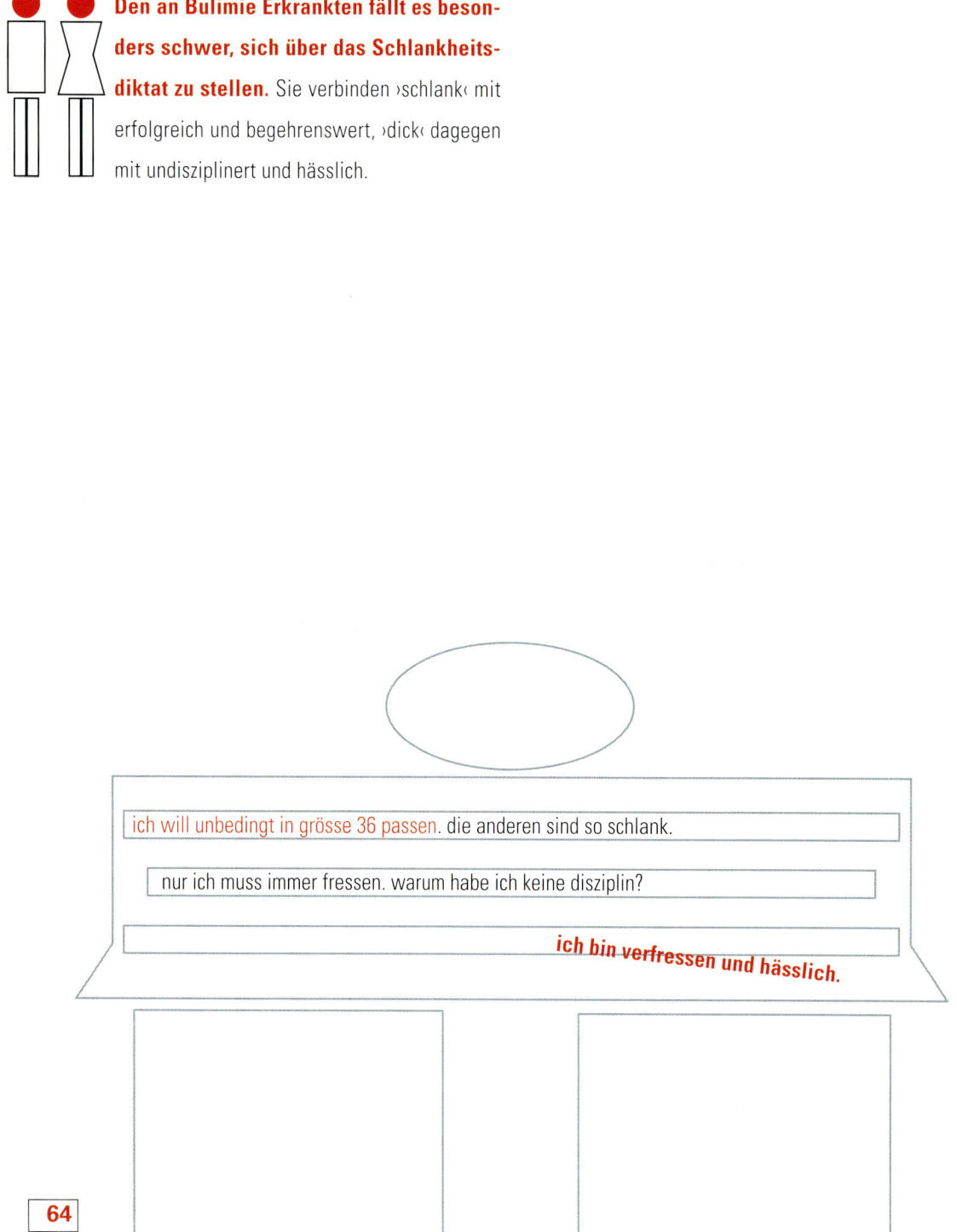

**Den an Bulimie Erkrankten fällt es beson-
ders schwer, sich über das Schlankheits-
diktat zu stellen.** Sie verbinden ›schlank‹ mit
erfolgreich und begehrenswert, ›dick‹ dagegen
mit undiszipliniert und hässlich.

ich will unbedingt in grösse 36 passen. die anderen sind so schlank.

nur ich muss immer fressen. warum habe ich keine disziplin?

ich bin verfressen und hässlich.

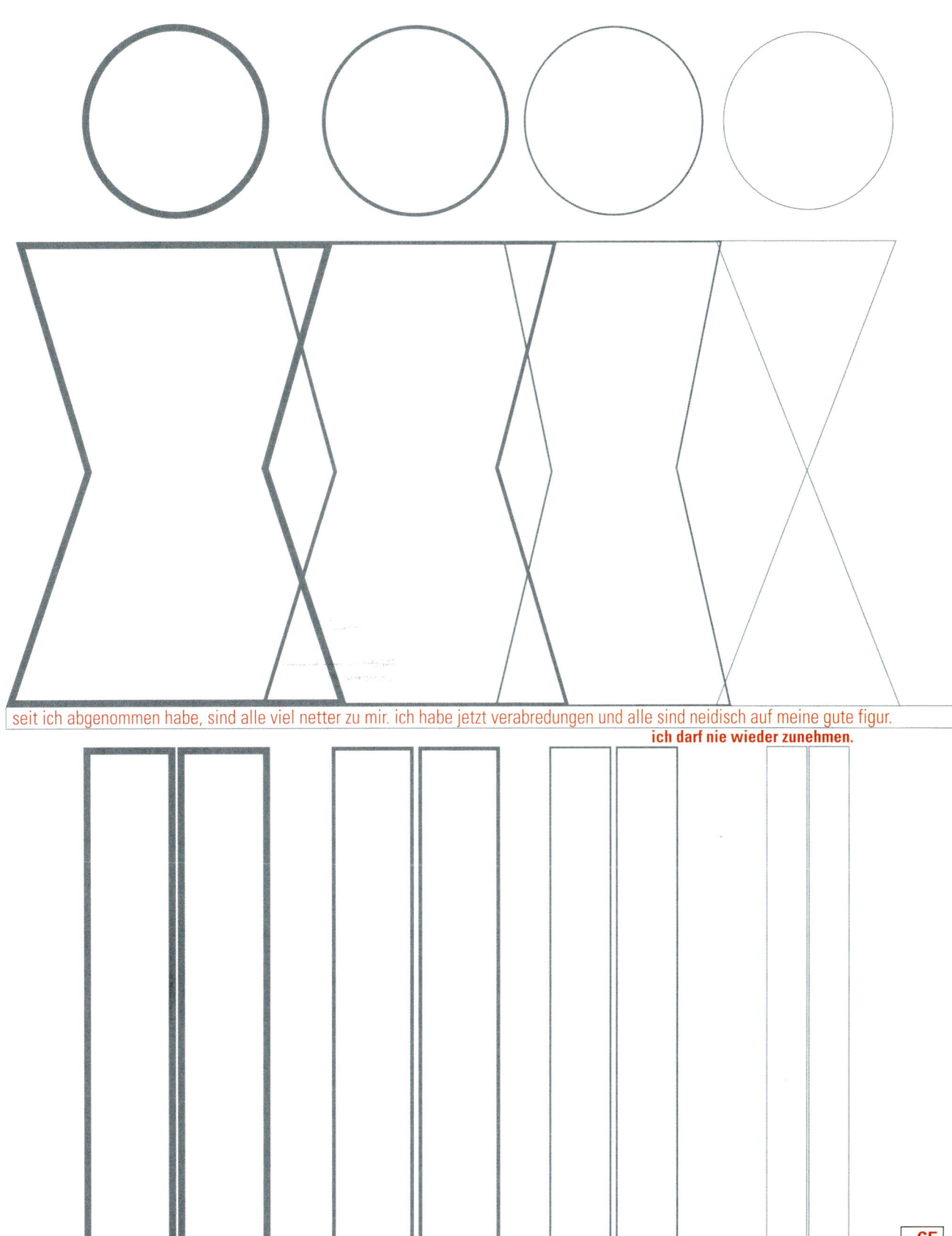

seit ich abgenommen habe, sind alle viel netter zu mir. ich habe jetzt verabredungen und alle sind neidisch auf meine gute figur.

ich darf nie wieder zunehmen.

die Eltern
66 — 75

Beziehungsmustern in der Familie werden eine große Bedeutung bei der Entstehung von Essstörungen zugeschrieben. Immer wieder berichten BulimikerInnen über sexuelle Übergriffe in ihrer Kindheit. Viele Betroffene, denen sexueller Missbrauch nicht widerfahren ist, kommen aus einander ähnlichen Familien. Dabei lässt sich zwar weder die normale noch die kranke Familie genau definieren, aber es gibt häufig ähnliche Strukturen und Interaktionsmuster.

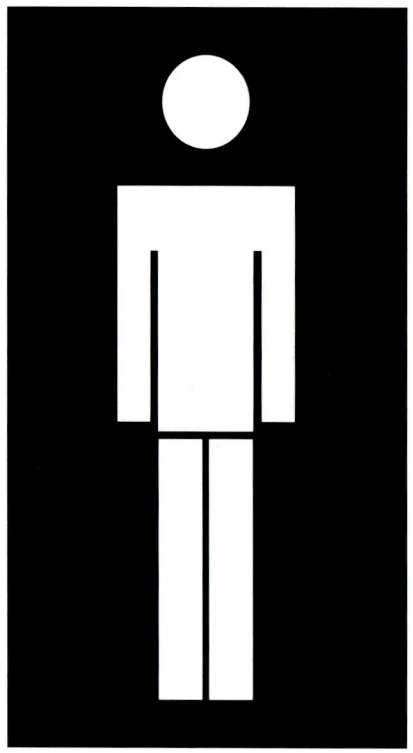

Das typische familiäre Klima ist gekennzeichnet durch Konfliktvermeidung, innere Unsicherheit und einen überfürsorglichen Erziehungsstil. Nach Außen soll die perfekte, harmonische Familie dargestellt werden. Es gibt viele familiäre Tabus und unausgesprochene eiserne Regeln. Die Konflikte spielen sich unterschwellig ab. **Die Konfliktvermeidung trägt dazu bei, dass bulimische Männer und Frauen wenig taugliche Strategien zur Konfliktlösung lernen.**

Die Familienstruktur lässt kaum Raum für eine individuelle Entwicklung. Entscheidend ist das Wertesystem der Eltern und die damit verbundene Vorstellung über die Funktion der einzelnen Familienmitglieder. Die Bedürfnisse und Gefühle der Kinder stehen im Hintergrund. So haben Bulimiker und Bulimikerinnen nicht gelernt, ihre eigenen Bedürfnisse zu erkennen, zu differenzieren und gegenüber anderen zu vertreten.

In vielen Familien mit bulimischen Kindern ist das Familienklima emotional kalt. Statt liebevollem Zusammenleben bestimmen oft Abwertungen den Umgang miteinander. Es herrscht starkes Leistungsdenken. Die Kinder erfahren die Unterstützung der Eltern nur, wenn sie deren Vorstellungen entsprechen.

spass
ausprobieren
genuss
entspannung

individualität
rücksicht
unterstützung
verzeihen
lässigkeit
pause
liebevoll
unbedenklichkeit
vergnügen

s
i
n
n

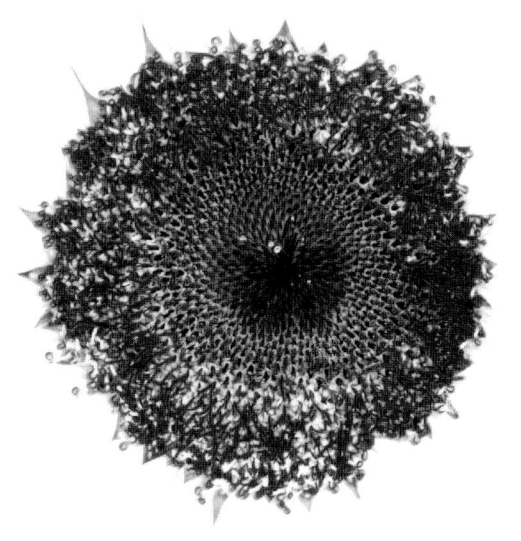

d
i
s
z
i
p
l
i
n

Die Betroffenen haben nicht gelernt, ihre Bedürfnisse wahrzunehmen und zu differenzieren. Sie haben Denkstrukturen entwickelt, die gegen sie selber gerichtet sind. Stärken werden heruntergespielt, eine Schwäche bedeutet Versagen und verursacht Selbstvorwürfe.

NUR SCHLANKE MENSCHEN SIND SCHÖN UND BEGEHRENSWERT!

ich muss schlank sein. wenn ich dick bin, mag mich keiner.

JEDER KANN ALLES ERREICHEN!

ich muss leistung bringen. wenn ich nichts erreiche, bin ich nichts wert.

GUT IST NICHT GUT GENUG!

ich bin nie mit mir zufrieden. ich muss perfekt sein.

ERST DIE ARBEIT, DANN DAS VERGNÜGEN!

ich muss den tagesplan diszipliniert erfüllen. vergnügen muss ich mir erst verdienen.

ANDERER MEINUNG SEIN HEISST, DEN ANDEREN ABZULEHNEN!

ich passe mich der meinung der anderen an. ich hasse streit. ich bin harmoniesüchtig.

MAN MUSS IMMER AN SICH ARBEITEN!

ich bin nicht in ordnung, so wie ich bin.

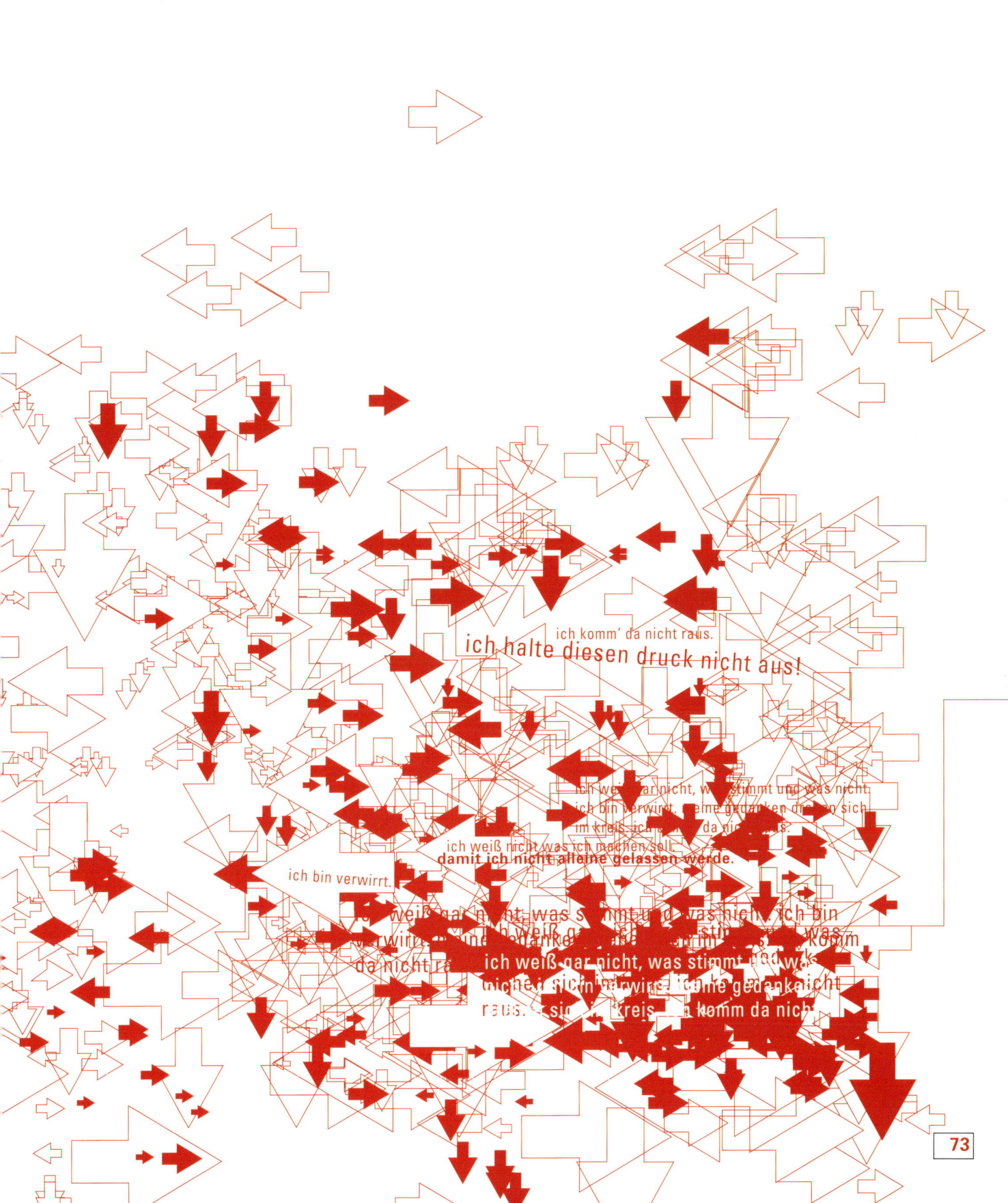

ich komm' da nicht raus.

ich halte diesen druck nicht aus!

ich weiß gar nicht, was stimmt und was nicht.
ich bin verwirrt, meine gedanken drehen sich
im kreis ich komm' da nicht raus.

ich weiß nicht was ich machen soll
damit ich nicht alleine gelassen werde.

ich bin verwirrt.

ich weiß gar nicht, was stimmt und was nicht. ich bin
verwirrt, meine gedanken drehen sich im kreis. ich komm
da nicht raus.

ich weiß gar nicht, was stimmt und was
nicht. ich bin verwirrt, meine gedanken nicht
raus. sie sich im kreis. ich komm da nicht.

Unterschiedliche individuelle wie soziale Ursachen bedingen die Erkrankung an der Bulimie.

ich

Allen Betroffenen gemeinsam ist jedoch das gestörte

Selbstwertgefühl

Allen Betroffenen gemeinsam ist jedoch das gestörte
Selbstwertgefühl

n ts

Selbstwertgefühl

Die **bulimie**

➡ **muss als Sprache eines Menschen verstanden werden,**
der ernste Probleme hat, unsicher ist und Hilfe braucht.

Die Bulimie ist eine Chance, die eigenen wirklichen Probleme zu erkennen und zu lernen, sie zu lösen. ➡

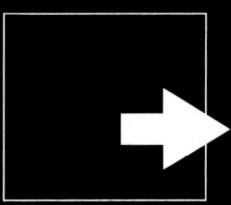

ausbrechen

das geht schon alleine weg!

ich mach' das nur noch, bis ich 2 kilos abgenommen habe.

Um die Bulimie zu überwinden, ist das Eingestehen der Krankheit der erste Schritt. Die Bulimie ist keine persönliche Schwäche oder Laune, sondern eine ernst zu nehmende Krankheit. Um sie zu heilen, ist professionelle Hilfe nötig.

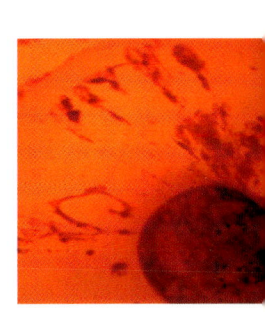

ich schäme mich

ich.bin abartig.
ich schäme mich

ich schäme mich für die bulimie. das passt nicht zu dem bild, das alle von mir haben. ich kriege das schon alleine weg.

aber das klappt einfach nicht.

80

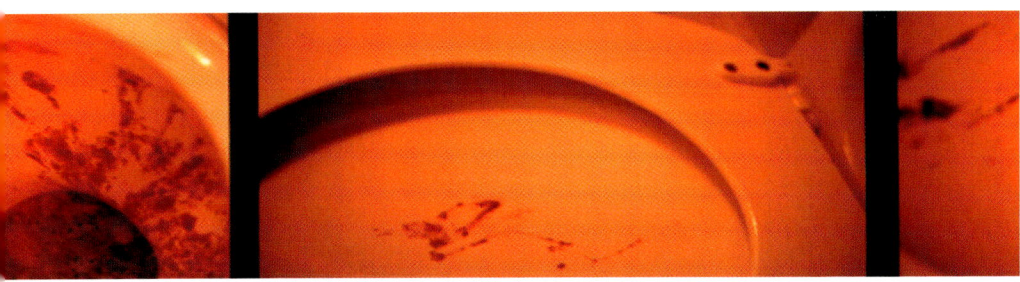

Bulimie ist eine psychosomatische Krankheit, an der viele Menschen leiden. Die Betroffenen sollten sich nicht selber dafür hassen und schämen. Sie haben daran keine Schuld. Aber sie haben die Verantwortung, aktiv gegen die Krankheit zu kämpfen. Dazu müssen sie ihre Schweigemauer durchbrechen und sich mitteilen. Zur Heilung der Bulimie ist Hilfe von außen notwendig.

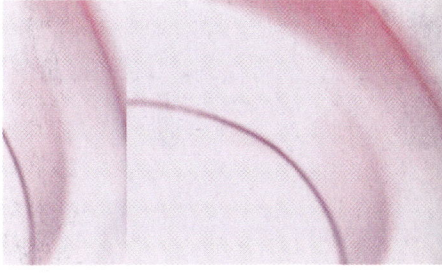

ich weiß, dass ich mir mein leben versaue, und trotzdem kann ich es nicht ändern.

und ich will es auch nicht ändern!

ich brauche die bulimie.

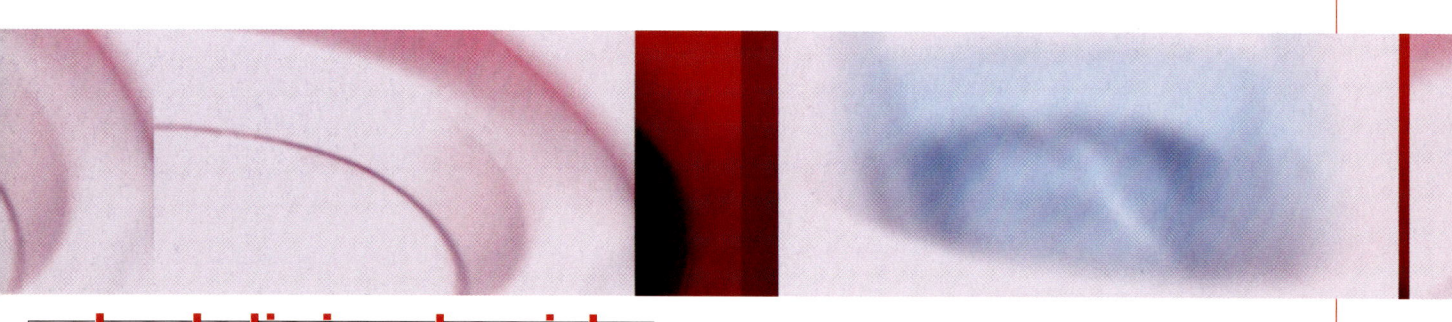

ohne bulimie nehme ich zu.

um ohne bulimie abzunehmen oder mein gewicht zu halten, bin
ich zu schwach. ich halte es einfach nicht aus, nichts zu essen.

beim fressen muss ich nicht die starke sein und funktionieren,
sondern kann machen, was ich will.

kann meinen undisziplinierten gefühlen nachgehen,
kann essen was ich will.

wichtig ist mein gewicht.
ich will abnehmen.
dazu brauche ich die bulimie!
wenn ich dick bin, werde ich nicht geliebt.
zunehmen ist das schlimmste für mich.

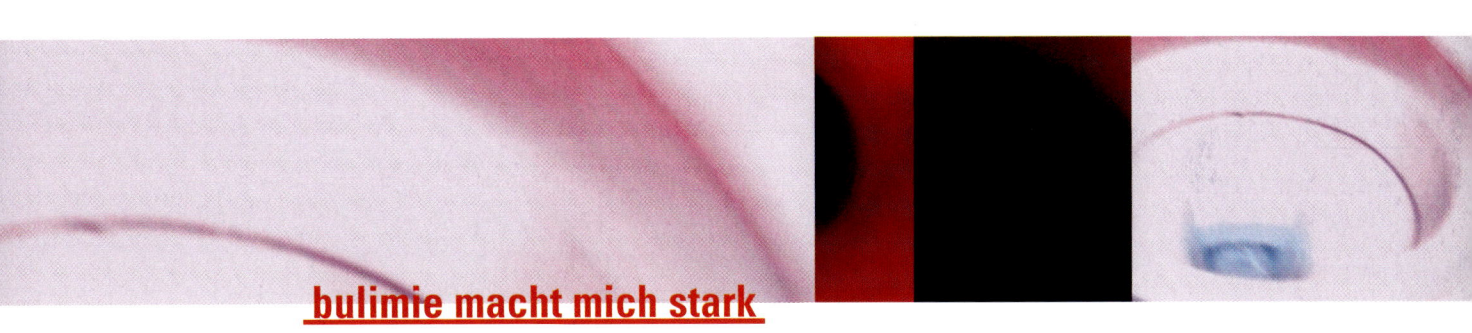

bulimie macht mich stark

sie ist mein zufluchtsort, an den ich mich immer zurückziehen

kann, der nur mir gehört. das macht mich unabhängig von der

außenwelt. mich kann keiner verletzen. diese welt gehört mir.

bulimie ist meine eigene welt.

fressanfälle sind meine antwort auf gefühle

**sogar wenn ich mich freue,
muss ich fressen!**

ohne bulimie habe ich kein recht auf hilfe.
ich will richtig krank sein.
ich bin noch nicht krank genug,
nur wer richtig krank ist, hat ein recht auf hilfe.

traurigkeit, einsamkeit, leere, wut, enttäuschung.
ich brauche die bulimie, um probleme zu überdecken.
sobald ein problem auftaucht, kann ich mich mit der bulimie davon ablenken.

ich bin manchmal traurig über meine situation.
dann kauf' ich mir was zu fressen.

ich vermisse auch freunde und fühle mich allein.
dann fressen.

mir ist langweilig.
dann fressen.

84

mir ist etwas misslungen.
dann fressen.

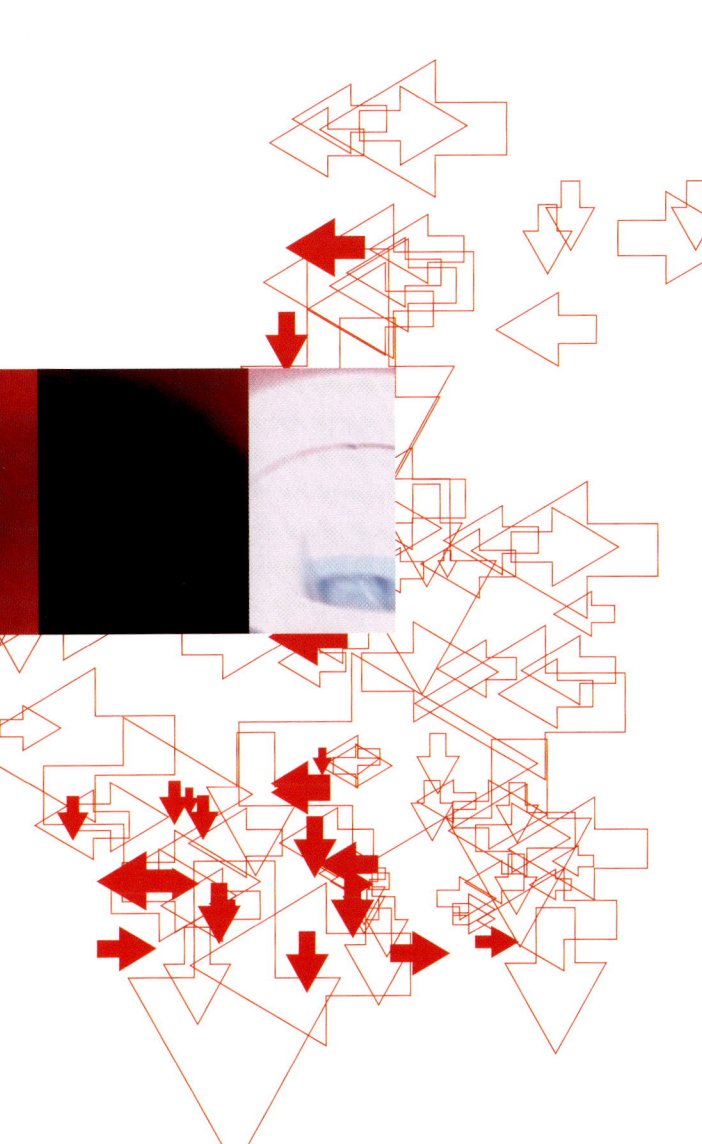

Oft wird die Krankheit zur ›guten Freundin‹. Doch mit Hilfe der Bulimie werden Probleme nur scheinbar gelöst. Die wirklichen Ursachen liegen tiefer. So ist nicht ›Zunehmen‹ das Problem, sondern die Angst, dann nicht mehr geliebt zu werden. Stärke kommt von einem gesunden Selbstvertrauen, nicht durch die Abgrenzung mit der Bulimie. Probleme müssen gelöst, nicht verdrängt werden. Darüber hinaus brauchen sich BulimikerInnen das Recht auf Hilfe nicht zu erhungern. Die krankhaften Denkstrukturen müssen aufgebrochen werden, um die Bulimie überflüssig zu machen.

Hilfe von außen ist notwendig, um die Bulimie zu heilen. Zum einen ist eine Therapie unbedingt erforderlich. Darüber hinaus können sowohl Eltern, als auch Partner und Freunde eine wichtige Rolle bei der konstruktiven Auseinandersetzung mit der Bulimie spielen. Der richtige Umgang mit den Betroffenen ist dabei sehr wichtig, aber oft nicht einfach. Da viele Betroffene nicht über ihre Krankheit reden, müssen zunächst mögliche Anzeichen einer Essstörung erkannt werden.

Neben Eltern, Partnern und Freunden können auch Bekannte und Lehrer eine wichtige Hilfestellung geben. Besteht Verdacht auf eine Bulimie-Erkrankung, sollten sie ein Gespräch mit den möglicherweise Betroffenen suchen, ihnen ihre Hilfe anbieten, Kontaktadressen weitergeben und sie zu einer Therapie ermutigen. Eine ablehnende Haltung der angesprochenen Person muss aber selbstverständlich akzeptiert werden. Wichtig ist es, Gesprächsbereitschaft zu signalisieren.

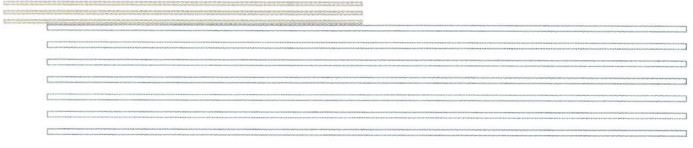

Bulimie äußert sich meistens durch Gewichtsabnahme, starke Gewichtsschwankungen oder eine übermäßige Beschäftigung mit Diäten. BulimikerInnen betreiben oft sehr viel Sport. Partnern oder Freunden, die mit Betroffenen zusammenwohnen, könnte vielleicht auffallen, dass Lebensmittel einfach verschwinden. Häufig haben BulimikerInnen Probleme, in Gesellschaft anderer eine Mahlzeit einzunehmen. Wenn sie es doch tun, verschwinden sie oft anschließend auf die Toilette. Zum Teil täuschen Betroffene Magenkrankheiten vor, um ihre geringe Nahrungsmittelaufnahme oder den Gebrauch von Abführmitteln zu erklären.

ich habe bulimie

ich habe bulimie.

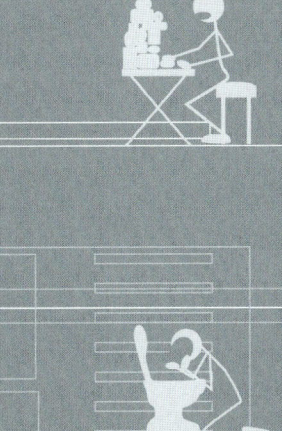

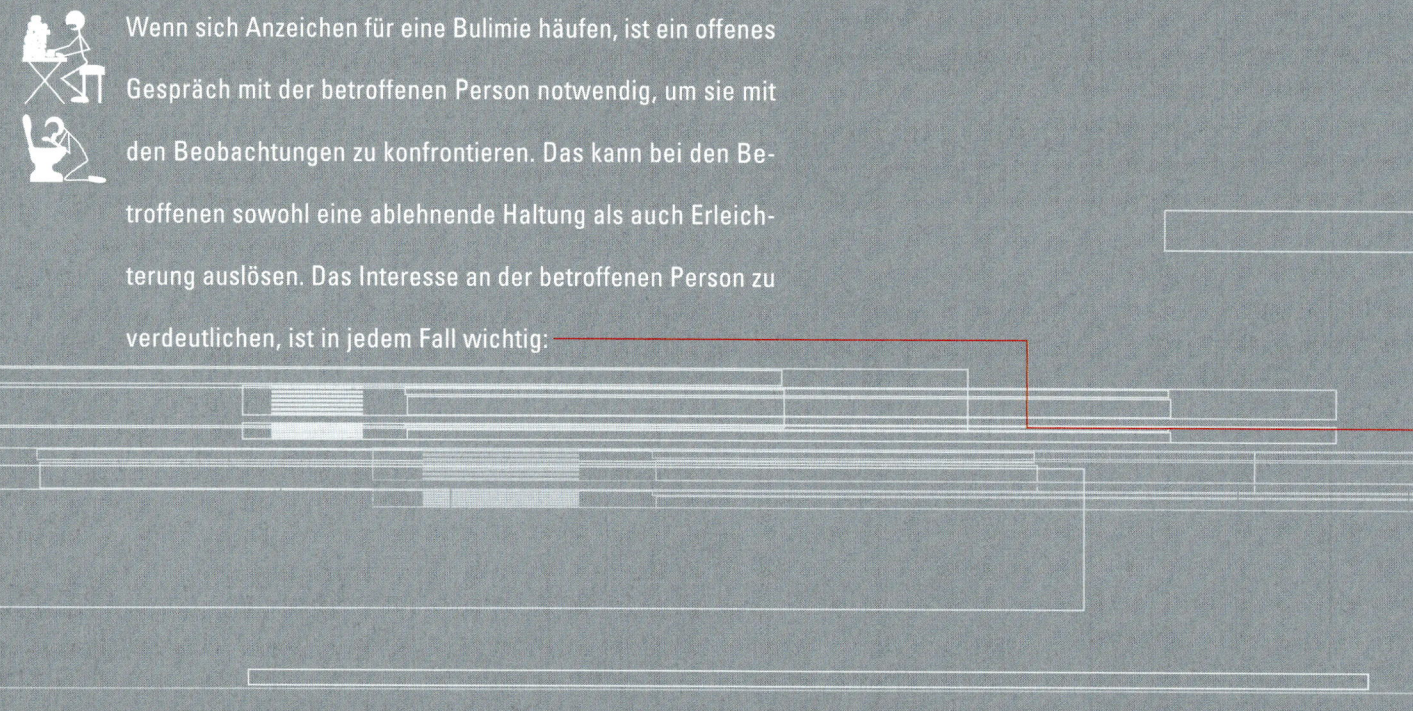

Wenn sich Anzeichen für eine Bulimie häufen, ist ein offenes
Gespräch mit der betroffenen Person notwendig, um sie mit
den Beobachtungen zu konfrontieren. Das kann bei den Betroffenen sowohl eine ablehnende Haltung als auch Erleich-
terung auslösen. Das Interesse an der betroffenen Person zu
verdeutlichen, ist in jedem Fall wichtig:

»Ich merke, dass etwas mit dir nicht stimmt und will dir helfen.«

Das Gespräch sollte den Betroffenen das Gefühl vermitteln, offen über die Bulimie reden zu können, ohne abgelehnt oder unter Druck gesetzt zu werden. Eltern, Freunde oder Partner müssen akzeptieren, dass sie keine Möglichkeit haben, eine Krankheitseinsicht zu erzwingen. Sie sollten aber eine medizinische Untersuchung vorschlagen. Dadurch werden unter Umständen körperliche Folgeschäden abgefangen. Darüber hinaus kann die Diagnose eines Arztes über den Krankheitszustand und eine Aufklärung über gesundheitliche Gefahren den Betroffenen den Ernst ihrer Lage bewusst machen. **Für Freunde, Partner und Eltern ist es sinnvoll, sich über Bulimie im Allgemeinen und Therapieangebote in der Umgebung zu erkundigen (siehe Kontaktadressen ab Seite 113). Es ist auch wichtig, sich über die eigenen Möglichkeiten zur Hilfe zu informieren. Bulimische Angehörige zu haben bedeutet eine Umstellung, besonders für die Eltern.**

Es ist für die Eltern oft nicht einfach, sich einzugestehen, dass das eigene Kind an einer Essstörung leidet. Doch Beschämung, Verharmlosung, Hysterie und Vertuschungsversuche führen nicht zu der Lösung des Problems. Eine intensive Auseinandersetzung mit sich selbst ist für die Eltern ebenso notwendig, wie für die an Bulimie Erkrankten.

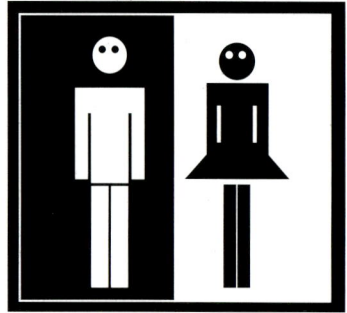 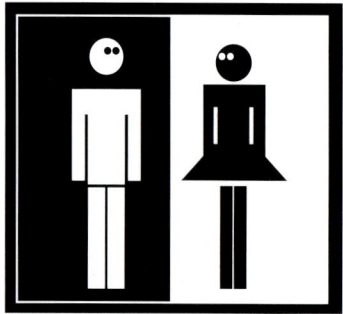 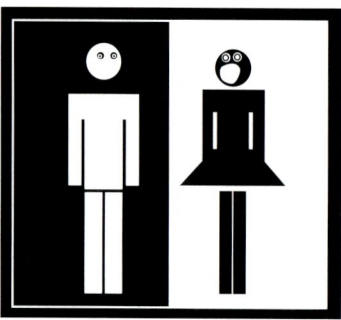

 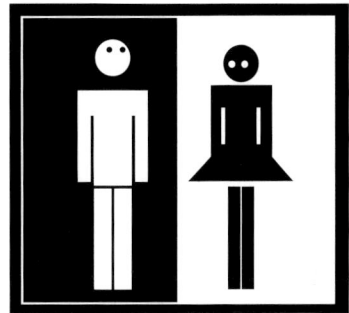 

Bulimie ist eine Familienkrankheit. Durch die Essstörung des Kindes werden Defizite in den Familienstrukturen deutlich. Für die Eltern ist es wichtig, Verantwortung für ihr Verhalten und ihre Funktion bei der Entstehung der Bulimie zu übernehmen. Es geht dabei nicht um die Frage der Schuld, sondern um das Erkennen der eigenen Verhaltensdefizite. Für die Eltern heißt das, sich nicht für ihre ›Schuld‹ zu schämen, oder sich allein für die Krankheit des Kindes verantwortlich zu fühlen. Sie haben durch die Bulimie die Chance bekommen, eigene Probleme zu erkennen und zu lösen: die krank machenden Familienstrukturen müssen erkannt, aufgebrochen und aufgegeben werden.

Die Eltern müssen lernen, ihr Kind loszulassen. Dabei bedeutet ›loslassen‹ nicht fallen lassen. Sie müssen ihre Kinder als eigenständige, selbstverantwortliche Menschen begreifen, die viele Fähigkeiten haben. Für betroffene Eltern ist es wichtig, sich auf ihr eigenes Leben zu besinnen und es positiv zu verändern. Davon profitieren auch ihre Kinder. Beratungsstellen oder Psychotherapeuten können den Eltern dabei helfen. Neben Familientherapie zusammen mit dem betroffenen Kind, gibt es Therapieangebote und Selbsthilfegruppen, die sich auf die Eltern bulimischer Kinder spezialisiert haben.

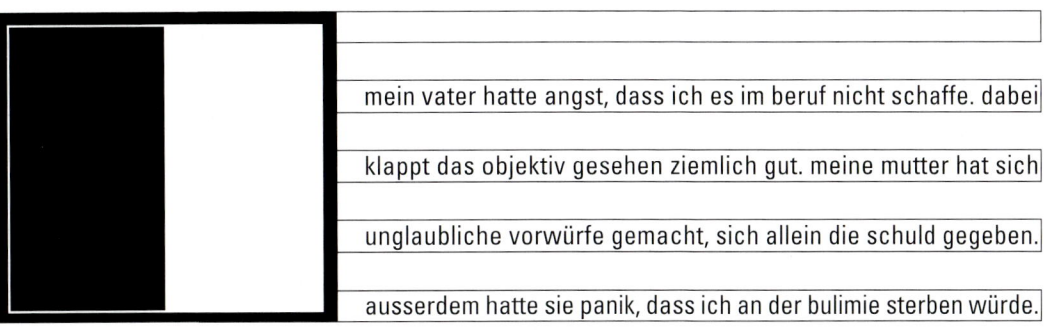

mein vater hatte angst, dass ich es im beruf nicht schaffe. dabei klappt das objektiv gesehen ziemlich gut. meine mutter hat sich unglaubliche vorwürfe gemacht, sich allein die schuld gegeben. ausserdem hatte sie panik, dass ich an der bulimie sterben würde.

es sind nicht nur meine probleme, sondern auch die von meiner ganzen familie.

es hat nicht alles mit der bulimie angefangen. die probleme habe ich auch nicht gemacht, sondern die sind die ganze zeit schon da gewesen.

meine eltern haben eine therapie angefangen. unsere beziehung hat sich entspannt. ich habe gelernt, sie loszulassen und sie versuchen das gleiche bei mir. meine eltern müssen sich selber mit ihren problemen auseinander setzen.

Eltern, Freunde und Partner können eine große Hilfe für die Bulimie-Kranken sein. Sie können jedoch keine Therapie ersetzen. Das eigene Leben auch der Krankheit unterzuordnen, ist der absolut falsche Weg. Durch das Vorleben eines positiven, ausgefüllten und selbstverantwortlichen Lebensstils, können den Betroffenen Anreize zur Änderung des eigenen Lebens gegeben werden. Wichtig ist, die Krankheitseinsicht der Betroffenen und deren Willen zur Veränderung und zur Therapie zu stärken. Eltern, Freunde und Partner können den BulimikerInnen das Gefühl vermitteln, dass sie nicht alleine sind und im Kampf gegen die Krankheit unterstützt werden. Sie können anbieten, zuzuhören und gemeinsam über Lösungen der Probleme nachzudenken. Sie müssen jedoch deutlich machen, dass die betroffene Person, aber nicht ihre Krankheit akzeptiert wird. Dabei können Beratungsstellen und Selbsthilfegruppen bei Problemen im Umgang mit bulimischen Menschen auch deren Partnern und Freunden helfen.

doppelleben

die beziehung zu meinem freund wäre kaputt gegangen, wenn ich mein doppelleben vor

ihm weiter gelebt und nichts von der bulimie erzählt hätte. er hat gemerkt, dass mit mir

'was nicht stimmt. er dachte, ich verheimliche irgendetwas und vertraue ihm nicht. ich

habe es dann erzählt, weil die beziehung es wert ist.

mein freund kann nicht mein therapeut sein.
ich brauche eine gleichberechtigte beziehung, in der es nicht nur um meine essstörung geht.
mein freund darf nicht meine ablenkung von der krankheit sein.

er kann mir helfen, indem er mir zuhört, mir das gefühl der geborgenheit gibt, mir klar macht, dass ich

geliebt werde, egal wieviel ich wiege. er kann nicht meine bulimie heilen, das kann ich nur selbst.

ich muss eine therapie machen.

THERAPIE therapie THERAPIE therapie THERAPIE therapie

Es gibt verschiedene Therapiemög-lichkeiten. Dabei gilt es, die richtigen Therapeuten und Therapieformen für sich zu finden. Entscheidend sind soziales Umfeld, Gesundheitszustand und Persönlichkeit der Betroffenen.

95

Die Therapie ist ein wichtiger Bestandteil bei dem Weg aus der Bulimie. **Nur eine Therapie zu besuchen, reicht aber nicht aus, um Bulimie zu heilen.**

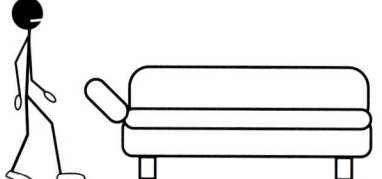 

meine erste therapie war sinnlos, sie hat mir das gefühl gegeben, dass diese krankheit bei mir einfach nicht heilbar ist.

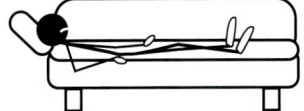 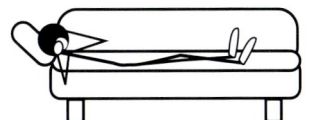 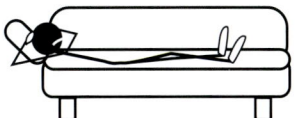

ich habe den therapeuten gar nicht ernst genommen.

ich hatte das gefühl, der geht gar nicht auf mich ein und versucht, mich einfach in eine schublade 'reinzutherapieren.
wir haben nicht zueinander gepasst.

ich war auch nicht bereit, die bulimie wirklich aufzugeben und mich aktiv mit meiner krankheit auseinander zu setzten.

 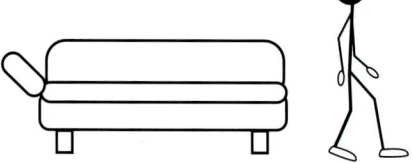

Eine aktive und selbstverantwortliche Einstellung zur Therapie ist Voraussetzung für den Erfolg. Die Betroffenen sollten sich möglichst selber für TherapeutIn und Methode entscheiden. Die Krankenkassen bieten die Möglichkeit, mit verschiedenen Therapeuten und Therapeutinnen Erstgespräche zu führen.

das ist ein scheißleben!
ich muss damit aufhören, sonst bringe ich mich um.

ich will endlich ein leben führen.

beim zweiten therapieversuch, jahre später, habe ich erstgespräche mit mehreren therapeuten geführt.
ich habe mich für die therapeutin entschieden, bei der ich das gefühl hatte, die nimmt mich ernst und geht auf mich ein.

ich war selber auch weiter und wollte wirklich etwas ändern.

einfach nur zu therapiestunde zu gehen und
ansonsten alles wie bisher weiter zu machen bringt nichts.

am anfang war es nicht leicht, alles zu erzählen, aber sonst brauche ich gar nicht hinzugehen.
ich habe mich geschämt, aber drumherumreden oder scheiß erzählen nützt auch nichts.

ich mache das ja nicht für den therapeuten
auch nicht für meine eltern oder meinen freund, damit die beruhigt sind, dass ich zur therapie gehe,

sondern für eine veränderung meines lebens.

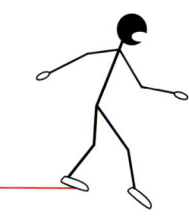

es ist mein körper, ich habe ihn gehasst, der wollte nur fett werden, ohne disziplin.

dabei ist hunger gar nicht seine schuld und mein körper nicht mein feind.
er will, dass ich überlebe. ohne richtige nahrung geht das nicht.

ich muss wieder essen lernen.
ich muss lernen, wieviel ich esse und wann ich satt bin. **satt?**

will ich einen apfel essen oder schokolade, oder gar nichts**?**
habe ich hunger auf nudeln oder salat**?**

ich habe mir so oft vorgemacht, dass ich mich gesund ernähren würde, nur mit salat.
die verbotsliste beim essen muss weg, das ist aber so schwer.

ich habe auch wahnsinnige angst, fett zu werden.

ich mache viel sport, immer mit dem gedanken an die verbrannten kalorien, mit zwang und nicht mit spass.
das will ich auch ändern.

aber wann macht es mir spaß und wann will ich kalorien verbrennen?
es ist schwierig. ich weiß gar nicht genau, was ich will.
was mache ich abends statt einem fressanfall, wenn ich allein bin und hunger habe**?**

was mache ich in momenten, in denen alles unsinnig und langweilig erscheint?

Die Auseinandersetzung mit der Bulimie findet nicht nur in der Therapie, sondern besonders im Alltagsleben statt. Um die Bulimie zu überwinden, müssen die Betroffenen lernen, die eigenen Bedürfnisse wahrzunehmen und angemessen zu befriedigen. Der Weg aus der Bulimie ist lange und nicht selten voller Rückschläge und Irrwege. Geduld ist dabei genauso wichtig, wie ein konsequentes Arbeiten gegen die Krankheit. Es reicht nicht, keine Esssanfälle mehr zu haben. **Eine positive Änderung des gesamten Lebensgefühls und der Einstellung zum eigenen Körper ist erforderlich.**

ich bin unsicher. meine alten werte sind kaputt, liegen in scherben vor mir.

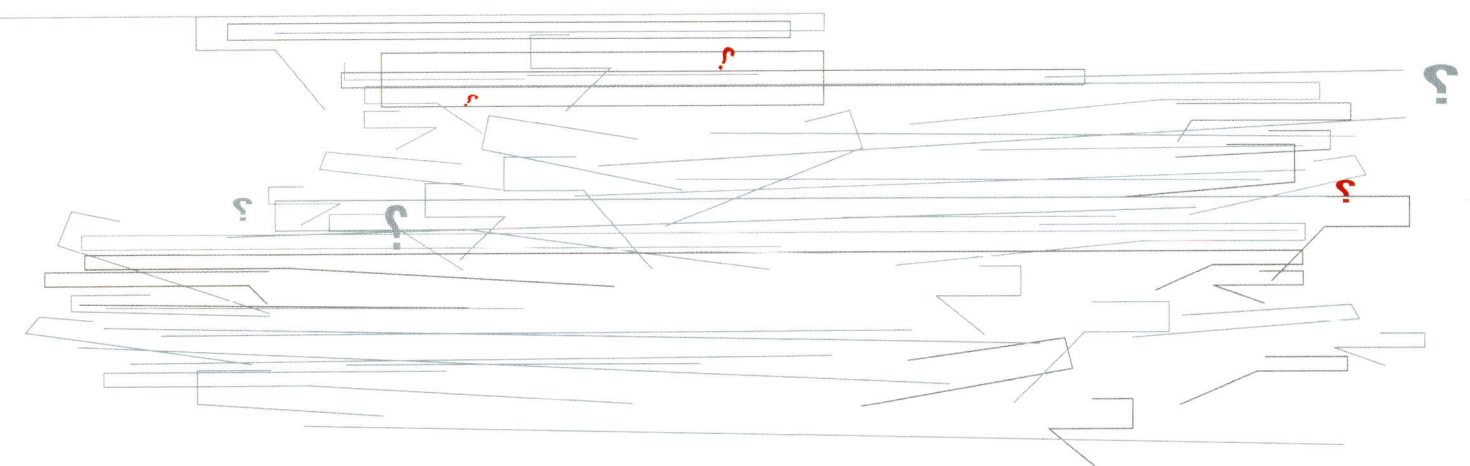

die

therapie hat mir

sehr geholfen. da kamen

sachen 'raus, die mir ganz alleine

nie eingefallen wären, und die mich weiter-

gebracht haben. wir sprechen über das, was zu meiner krankheit geführt hat. situationen und umstände,

die ich nie in frage gestellt hätte, rücken jetzt in ein anderes licht. ich habe gelernt, dass ein essanfall mir sagt,

wenn etwas falsch läuft. es gilt, den hintergrund dafür zu finden, statt mich zu schämen und zu verdrängen. **je größer**

die euphorie über eine zeit ohne essanfälle, desto mehr deprimieren mich rückschläge. aber ich gehe

weiter. wenn ich unglücklich oder unzufrieden bin, versuche ich, die tatsächlichen ursachen zu finden

und nicht mein gewicht verantwortlich zu machen. **ich will auch wirkliche alternativen für**

essanfälle finden und lernen, mein

leben selbstverantwortlich

und viel glücklicher

zu gestalten.

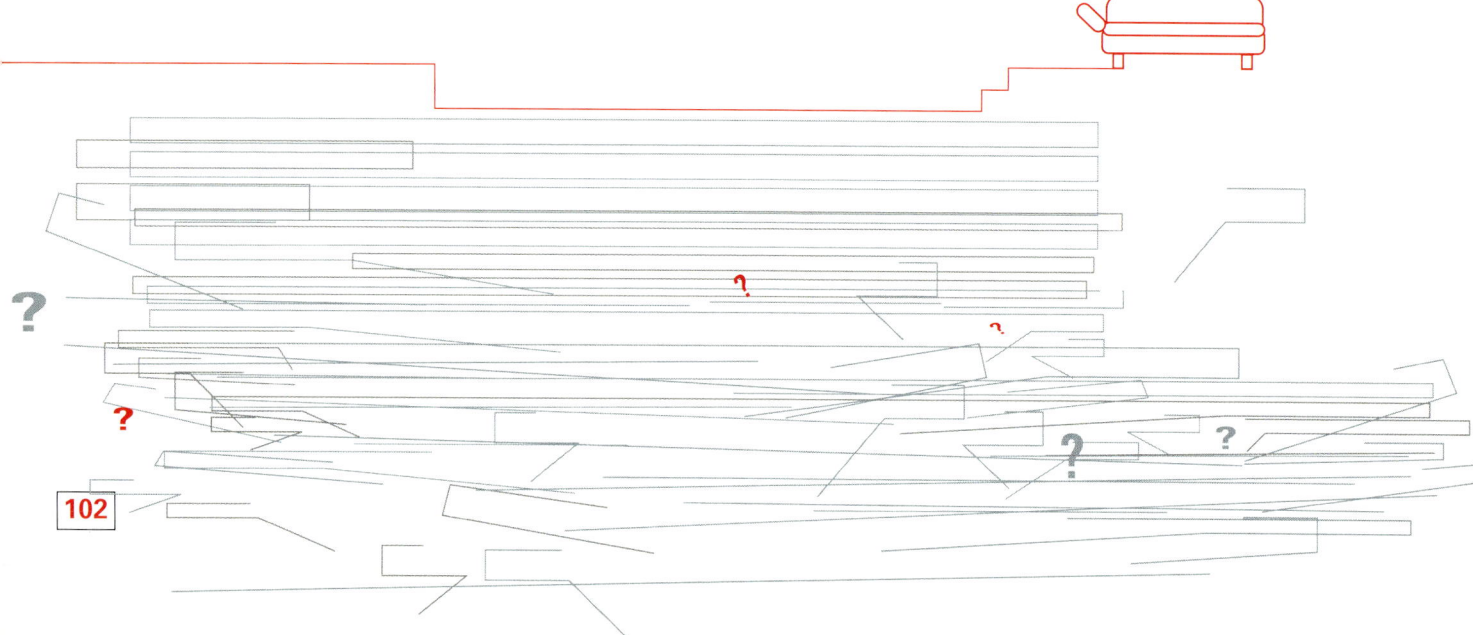

102

die bulimie ist die chance, mein leben positiv zu verändern.

mit jedem schritt aus der bulimie kommt mir mein leben sinnvoller und schöner vor.

ich wusste oft den sinn meines lebens nicht.

wozu das ganze?

Für die BulimikerInnen geht es darum, ein starkes Selbstwertgefühl aufzubauen, das nicht länger von äußeren Faktoren und vom Gewicht abhängig gemacht wird. Die Betroffenen brauchen einen neuen Lebensentwurf, der auf ihre persönlichen Stärken und Schwächen, Wünsche, Interessen und Zielvorstellungen aufgebaut ist. Sie brauchen eine gesunde und positive Einstellung zu sich.

Ich darf Geborgenheit fühlen, glücklich sein und zwar nicht, wenn ich abgenommen habe, sondern wenn ich mich gut fühle.

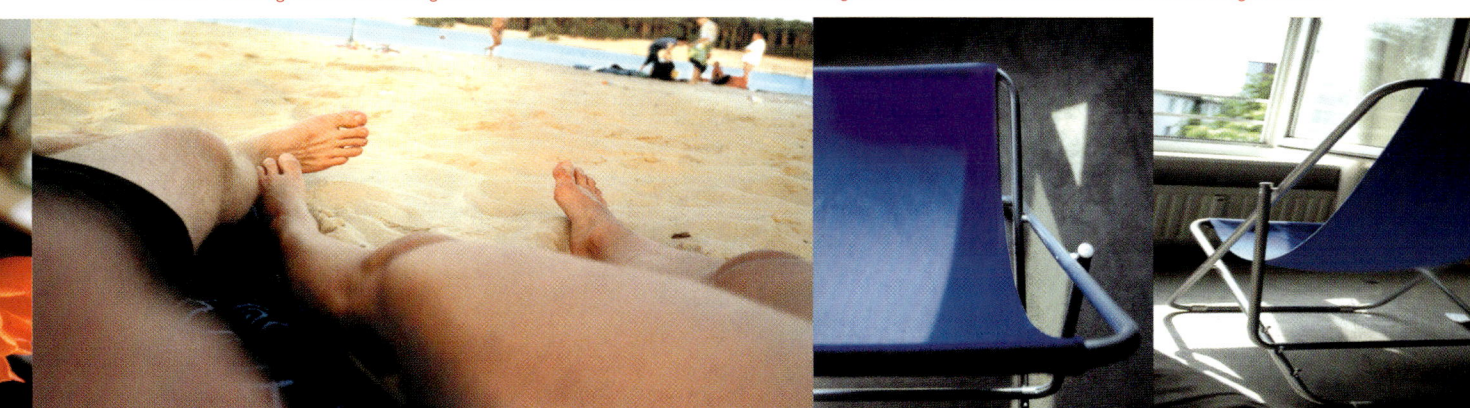

Ich darf hier sein, einfach so, ich muss mir mein Leben nicht erst verdienen.

Ich habe einen Platz in dieser Welt, so wie ich bin.

Die Menschen die mich lieben, lieben mich, so wie ich bin.

Ich muss mich nicht ständig beweisen.

Ich darf auch Schwächen haben.

Ich brauche nicht perfekt zu sein.

Ich muss mich nicht immer mit den anderen vergleichen.

Ich muss mich nicht für Fehler schämen,
sondern darf aus ihnen lernen.

Ich darf Fehler und Schwächen zugeben.

Ich muss nicht schauspielern und mich verstellen. Für wen auch? **In meinem Leben geht es um mich.**
Ich habe eine eigene Meinung und eigene Grenzen, auch wenn andere nicht zustimmen.
Ich muss meine Vorstellungen nicht anderen unterordnen.
Ich darf meinen Weg gehen.

Ich darf »nein« sagen und zu diesem »nein« auch stehen.
Ich darf mich von Menschen und Situationen trennen, die mir nicht gut tun.

Ich habe ein Recht auf mein eigenes Leben,
auf meine Gefühle und Bedürfnisse.

Was ist das für ein Leben:
immer allen was vormachen, immer auf das Gewicht achten, immer Angst vor Gewichtszunahme, immer Sport machen müssen, immer Hungern, immer Angst vor Liebesentzug?

Leben sieht anders aus!

Ich darf mit mir selbst zufrieden sein.

Es hat eine Zeit gedauert, bis ich mir eingestanden habe, dass mein Idealgewicht höher liegt als das, was ich immer wiegen wollte.
Ich will mich vor allem in meinem Körper wohl fühlen.

Ich darf genießen.

Ich darf Spaß haben.

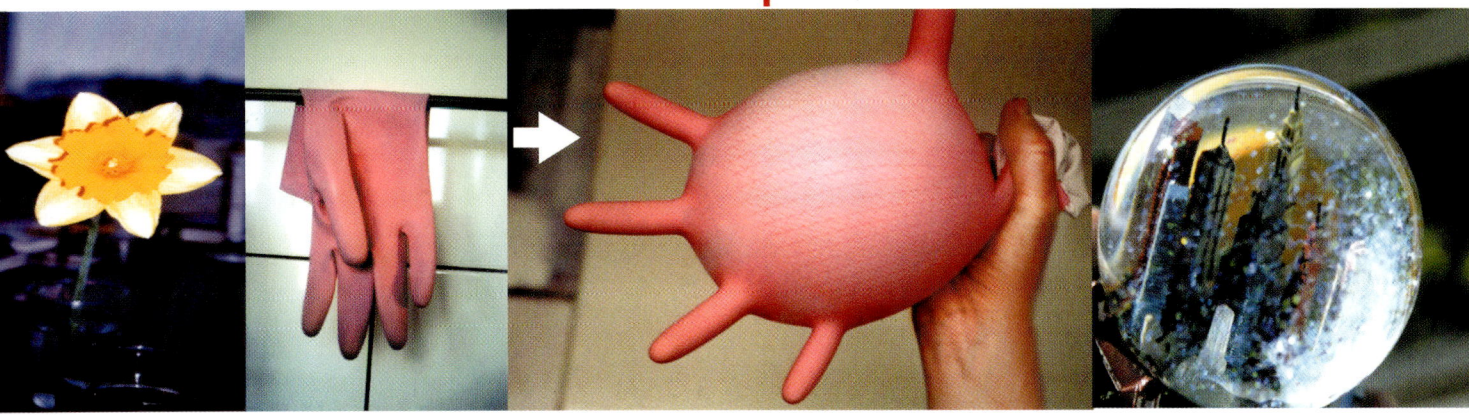

Es muss nicht alles einen Sinn haben.

Ich kann mich einfach mal locker machen.

Ich konzentriere mich auf meine Stärken, nicht auf meine Schwächen.

Ich habe viele Stärken, ich habe schon so viel erreicht.

Ich kann mir vertrauen.

Ich habe die Kraft und die Fähigkeiten, mein Leben zu gestalten.

Ich kann aktiv sein, das heißt nicht Sport oder so,

sondern ich kann mein Leben selber in die Hand nehmen,

Selbstverantwortung tragen und mich selbst glücklich machen.

Viele Bulimiker und Bulimikerinnen haben den Kampf gegen ihre Krankheit gewonnen.

Bulimie ist heilbar!

Kontaktadressen

www.bulimie.de
(Adressen, Links, Online-Beratung, Forum)

**Beratungsstellen und Selbsthilfegruppen
für BulimikerInnen und Angehörige
nach Postleitzahlen geordnet**

112 — 116

Postleitzahlenbereich 0

· **KISS-Suchtberatung**
Ehrlichstraße 3
01067 Dresden

Telefon 0351-4 82 63 52, Fax 0351-4 82 63 50
Tel.-zeiten: Di/Do 8–12, 14–18 Uhr

· **Deutsche Forschungsinitiative**
Essstörungen e.V.
Riemannstraße 34
Klinik für Kinder- und Jugendpsychiatrie der
Universität Leipzig
04107 Leipzig

Telefon 0341-9 72 45 02, Fax 0341-9 72 45 09

· **SEKIS SH Kontakt- und Informationsstelle**
Schirmerstraße 2
04318 Leipzig

Telefon 0341-26 19 70

· **Kontaktstelle für Selbsthilfegruppen**
Kleine Klausstraße 16
06108 Halle

Telefon 0345-5 20 04 09

Postleitzahlenbereich 1

· **NAKOS**
Deutsche Arbeitsgemeinschaft
Selbsthilfegruppen
Albrecht-Achillesstraße 65
10709 Berlin

Telefon 030-8 91 40 19, Fax 030-8 93 40 14
Tel.-zeiten: Di/Mi/Fr. 9–13, Do 13–17 Uhr
http://www.nakos.de

· **DICK & DÜNN - Beratung bei Essstörungen**
Innsbrucker Straße 25
10825 Berlin

Telefon 030-8 54 49 94, Fax 030-8 54 84 42
Tel.-zeiten: Di 12–14, Mi/Fr 16–17 Uhr

· **Anonyme Esssüchtige**
Interessengemeinschaft e.V.
Berlin
Fax 030-78 71 08 23

· **PIKS Potsdam**
c/o Gesundheitszentrum
Hebbelstraße 1a
14467 Potsdam

Telefon 0331-2 32 81 40, Fax 0331-2 32 81 41
Tel.-zeiten: Mi 17.00–18.30 Uhr
E-mail: selbsthilfe.potsdam.org

· **Selbsthilfekontaktstelle**
Deutsches Rotes Kreuz - Kreisverband
Neubrandenburg e.V.
Robert-Blum-Straße 32
17033 Neubrandenburg
Telefon 0395-5 60 39 55, Fax 0395-5 60 39 29

· **Sucht- und Drogenberatungsstelle der**
Rostocker Stadtmission e.V. im
Diakonischen Werk
Dalwitzhofer Weg 1
18055 Rostock

Telefon 0381-4 92 28 44

· **Kontaktstelle für Selbsthilfe**
Seestraße 25b
19053 Schwerin

Telefon 0385-3 92 43 33

Postleitzahlenbereich 2

· **Hamburger Zentrum für Essstörungen**
Bundesstraße 14
20146 Hamburg

Telefon 040-4 50 51 21, Fax 040-4 50 51 22
Tel.-zeiten: Mo 15–16, Di 13–14, Mi 10–11 Uhr

· **Die Brücke - Essstörungsbereich**
Beratungs- und Therapiezentrum e.V.
Durchschnitt 27
20146 Hamburg
Telefon 040-4 50 44 83, Fax 040-4 50 44 84

Walddörferstraße 337
22047 Hamburg
Telefon 040-6 68 36 36, Fax 040-6 68 29 73
Tel.-zeiten (gelten für beide Stellen):
Mo 12–13, Di 14–15, Mi/Fr 13–14, Do 11–12 Uhr

· **Die Boje e.V.**
Möllner Landstraße 61
22117 Hamburg

Telefon 040-7 31 49 49, Fax 040-7 34 49 48

· **Anonyme Esssüchtige**
Interessengemeinschaft e.V.
Planckstraße 1
22765 Hamburg

Telefon 040-3 90 78 65

· **KISS**
Gaußstraße 21
22765 Hamburg

Telefon 040-39 57 67

· **Waage e.V.**
Eimsbütteler Straße 53
22 769 Hamburg

Telefon 040-4 91 49 41

· **KIBIS** Kontakte, Information, Beratung im
Selbsthilfebereich
Beselerallee 57
24105 Kiel

Telefon 0431-67 27 27
Tel.-zeiten: Di/Do 10–14, Mi 14–18 Uhr

· **Eß-o-Eß im Frauentreff e.V.**
Kurt-Schumacher-Platz 5
24109 Kiel

Telefon 0431-52 42 41

· **Blaues Kreuz** in der Evangelischen Kirche e.V.
An der Marienkirche 19
24768 Rendsburg

Telefon 0 43 31-59 03 81
Selbsthilfegruppen (auch für essgestörte Männer)
in ganz Deutschland
E-Mail: bke@blaues-kreuz.org

Psychosoziale Beratungsstelle der Caritas
· **KIBIS,** Informationen, Beratung und
Selbsthilfebereich
Bahnhofstraße 19
25524 Itzehoe

Telefon 0 48 21-60 01 33

· **Beratungs- und Koordinationsstelle**
für Selbsthilfegruppen
Lindenstraße 12
26127 Oldenburg

Telefon 04 41-88 48 48

· **Anonyme Esssüchtige Deutschland**
Deutschsprachiger Dienst der OA (Overeater
Anonymus)
Postfach 10 62 06
28062 Bremen

Telefon 04 21-32 72 24

· **Frauengesundheitszentrum**
Elsflether Straße 29
28219 Bremen

Telefon 04 21-3 80 97 47
Tel.-zeiten: Mo–Fr 10–13 Uhr

· **Elternkreis essgestörter Töchter und Söhne**
28259 Bremen

Telefon 04 21-58 39 34

· **AOK Celle** - Ernährungsberatung
Schloßplatz 11/12
Postfach 285
29221 Celle

Telefon 0 51 41-97 00
Tel.-zeiten: Mo–Mi 8.30–15.30, Do 8.30–18
                    Fr 8.30–12.30 Uhr
Nur für Mitglieder

· **Evangelisches Beratungszentrum Celle**
Lebensberatung und Supervision
Fritzenwiese 15
29221 Celle

Telefon 0 51 41-21 73 67

· **Psychologische Beratung**
Denickestraße 110b
29225 Celle

Telefon 0 51 41-4 20 63

· **Celler Frauentreff**
(nicht kostenfrei)

Telefon 0 51 41-88 27 42

· **DICK & DÜNN**
Brahmstraße 4
30177 Hannover
Telefon 05 11-66 76 48

· **Bielefelder Zentrum für Essstörungen**
Marktstraße 35
33602 Bielefeld
Tel. 05 21-66 76 48 o. 6 59 29, Fax 05 21-6 59 29
Tel.-zeiten: Mi 10–13, Di 15–16 Uhr

· **BIKIS**, Kontakt- und Informationsstelle für
Selbsthilfegruppen e.V.
Stapenhorststraße 5
33615 Bielefeld
Telefon 05 21-12 18 02
Tel.-zeiten: Mo/Di/Do 10–13, Di 15–18 Uhr

· Beratungsstelle für Essstörungen **KABERA e.V.**
Kurt-Schumacher-Straße 2
34117 Kassel
Telefon 05 61-78 05 05 oder 71 34 93

· **Kaskade e.V.**
Hanssenstraße 6
37073 Göttingen
Telefon 05 51-48 69 05

· **Kaskade-Beratung bei Essstörungen-
Göttingen e.V.**
c/o Frau Dr. Lili Seide
Am Brachfelde 2
37077 Göttingen
Telefon 05 51-2 17 68

· **Selbsthilfegruppe**
Umfassungstraße 82
39124 Magdeburg
Telefon 03 91-2 52 70 96

· **KESS,** Kontakt- und Beratungszentrum für
Essstörungen
Himmelgeisterstraße 107
40225 Düsseldorf
Telefon 02 11-33 50 44
Tel.-zeiten: Mo 14–17 Uhr
http://www.kess-nrw.de

· **Selbsthilfegruppe für Angehörige**
Klosterstraße 5
41379 Brüggen
Telefon 0 21 63-56 22
Tel.-zeiten: Mi 16–20, Mo/Do 9–12 Uhr

· **Frauen helfen Frauen e.V.**
Doris Marnach/Petra Hafele
Beratungsstelle für Frauen und Mädchen
Neugasse 2
42897 Remscheid/Lennep
Telefon/Fax: 0 21 91-66 24 66
Tel.-zeiten: Mo/Di/Do 9.30–13, Do 16–18 Uhr

· Kontakt- u. Infostelle für Selbsthilfe **KISS**
Leuthardstr. 6
44135 Dortmund
Telefon 02 31-52 90 97
Tel.-zeiten: Mo/Mi/Do 9–13, 14–16.30, Fr. 9–13

· **Selbsthilfegruppe für Angehörige von Ess-
und Magersüchtigen**
Hagenerstraße 21
44225 Dortmund
Telefon 02 31-71 86 57

· **Selbsthilfegruppe Wiese e.V.**
45127 Essen
Telefon 02 01-20 76 76
Tel.-zeiten: Di/Mi/Fr 10.30–13.30
Do 14–17, Mi 17–20 Uhr

· **Psychologische Beratungsstelle vom
Diakonischen Werk Münster e.V.**
Hörstlerstraße 29
48143 Münster
Telefon 02 51-4 28 77
Tel.-zeiten: Mo–Do 8.30–13, 14–16,
Fr 8.30–15, Mi 14–18 Uhr

· **Anorexie**
Konrad Adenauer Straße 49
48599 Gronau
Telefon 0 25 62-2 30 30

· **Louise Gabbe**
Virchowweg 7
48599 Gronau
Telefon 0 25 62-9 77 65-6

· **Gesundheitszentrum Neustadt**
Meller Straße 80
49082 Osnabrück
Telefon 05 41-58 90 44
Tel.-zeiten: 10–12, 14–16 Uhr

· **KISS Köln**
Herwarthstrasse 12
50672 Köln
Telefon 02 21-95 15 42 16

· **Mädchenberatungsstelle des
Mädchenhauses Köln**
Kaesenstr. 18
50677 Köln
Telefon 02 21-32 92 27

· **Frauenberatungsstelle**
Venloerstraße 405-407
50823 Köln
Telefon 02 21-9 54 16 60

· **Frauen lernen Leben e.V.**
Hansemannstraße 43
50832 Köln
Telefon 02 21-9 54 16 61

· **ANNA CONDA e.V.** Psychosoziales
Gesundheitszentrum für Frauen und Mädchen
Herzogstr. 23
52070 Aachen
Telefon/Fax 02 41-51 26 90

· **Bonner Zentrum für Essstörungen**
Kaiserstraße 9
53113 Bonn
Telefon 02 28-21 01 26
Tel.-zeiten: Mo 17–19, Fr 8.30–10.30 Uhr

· **SEKIS**
Franz-Georgenstraße 36
54201 Trier
Telefon 06 51-14 11 80

· **Speck Drum e.V.**
c/o Christine Best
Mainstraße 42
55118 Mainz
Telefon 0 61 31-61 87 49

· **Pädagogisches Forum**
Bergstraße 5
56112 Lahnstein
Telefon 0 26 21-72 99
Tel.-zeiten: Mo/Di/Do 14–17, Fr 12–14 Uhr

· **Begleitstelle für Essgestörte**
Beratungsstelle der Arbeiterwohlfahrt
Böhmerstraße 11
58095 Hagen
Telefon 0 23 31-38 10

· **Deutsche Hauptstelle gegen die
Suchtgefahren**
Postfach 1369
59003 Hamm
Telefon 0 23 81-9 01 50

· **Evangelische Jugend**
EC-Shalom, Esssuchtberatung
Brüderstraße 17
59555 Lippstadt
Telefon 0 29 41-7 73 71

· **Bulimiezentrum e.V. Frankfurt**
Telefon 069-72 33 33, Fax 069-17 22 64
Tel.-zeiten: Mo, Mi–Fr 10–12 Uhr
http://www.bulimie-zentrum.de

· **Balance**
Beratung und Therapie bei Essstörungen e.V.
Waldschmidtstraße 11
60316 Frankfurt/Main
Telefon 069-49 08 63 30, Fax 069-49 08 63 31
Tel.-zeiten: Di/Mi/Do 11–13, Mo/Do 15–17 Uhr

· **Frankfurter Zentrum für Essstörungen**
Lersnerstraße 14
60322 Frankfurt
Telefon 069-55 01 76 oder 0 29 41-7 73 71

· **Frankfurter Zentrum für Essstörungen**
Hansa Allee 18
60322 Frankfurt
Telefon 0 69-55 01 76, Fax 0 69-5 96 17 23

· **SEKOS Hanau**
Vor dem Kanaltor 3a
63450 Hanau
Telefon 0 61 81-25 55 00
Tel.-zeiten: täglich von 10–17 Uhr

· **Psychologische Beratungsstelle für junge Menschen**
Saarmünder Straße 76
66119 Saarbrücken
Telefon 06 81-98 54 10
Tel.-zeiten: Mo–Fr 10–12, 14–16 Uhr,
Mi 12–13 (Tel. 06 81-9 85 41 15)

· **Zentrum für Jugendberatung und Suchthilfe**
Hardesheinstraße 5
67157 Hofheim
Telefon 0 61 92-99 59 60

· **Psychosoziale Beratungsstelle und ambulante Behandlung**
Caritasverband Mannheim
E 7; 25
68159 Mannheim
Telefon 06 21-2 80 00

· **Sozialpsychiatrischer Dienst des Caritasverbands**
Bruchsal e.V.
Friedhofstraße 11
76646 Bruchsal
Telefon 0 72 51-80 08 15

· **Jürgen Pützschel**
In den Gärten 7
78224 Singen
Telefon/Fax 0 77 31-4 80 89
E-mail: info@streichholz-ev.de

· **Klaus Pimesmaier**
78315 Radolfzell
Telefon 0 77 32-5 53 02

· **Anonyme Esssüchtige Interessengemeinschaft e.V.**
Jägerstraße 2
79108 Freiburg
Telefon 07 61-5 79 77 (Anrufbeantworter)
Treffen: jeden Mittwoch von 20.00–21.30 Uhr

· **FrauenZimmer e.V.**
Schwarzwaldstraße 107
79117 Freiburg
Telefon 07 61-3 22 11
Fax 07 61-2 92 30 33
Sprechzeiten: Di 9–12, Do 15–19 Uhr

· **Psychosoziale Beratungsstelle der Caritas**
Jesuitenstraße 4
85049 Ingolstadt
Telefon 08 41-30 91 38
Tel.zeiten: Mo–Do 8–17, Fr 8–12 Uhr

· **Psychosoziale Beratungsstelle (PROP)**
Hauptplatz 5
85276 Pfaffenhofen
Telefon 0 84 41-8 90 60, Fax 0 84 41-8 61 76

· **Psychosoziale Beratungsstelle der Caritas**
Linggstraße 4
87435 Kempten
Telefon 08 31-2 50 19

Postleitzahlenbereich   9

· **DICK & DÜNN**
Hallerhüttenstraße 6
90461 Nürnberg
Telefon 09 11-47 17 11

· **Frauengesundheitszentrum e.V.**
Badstraße 6
93059 Regensburg
Telefon 09 41-8 16 44, Fax 09 41-89 34 73
Tel.-zeiten: Di, Mi, Fr 10–13, Di 17–20 Uhr

· **Psychosoziale Beratung und Behandlung**
Obere Donaulände 8
94032 Passau
Telefon 08 51-50 18 42
Tel.-zeiten: Mo–Fr 8–12, 13–17, Fr 8–13 Uhr

· **Selbsthilfebüro**
Karmelitenstraße 43
97070 Würzburg
Telefon 09 31-37 34 68
Tel.-zeiten: Mo–Do 9–17, Fr 9–13 Uhr

· **KISS Erfurt**
Turniergasse 17
99084 Erfurt
Telefon 03 61-6 55 17 15

Postleitzahlenbereich   7

· **Beratungs- und Behandlungsstelle für Suchtkranke**
Evangelische Gesellschaft e.V.Stuttgart
Büchsenstraße 34-36
70174 Stuttgart
Telefon 07 11-2 05 43 45
Tel.-zeiten: Mo 13–16, Di–Do 9–12, 13–16
Fr 9–12, 13–15 Uhr

· **MädchenGesundheitsladen**
Lerchenstraße 54
70176 Stuttgart
Telefon 07 11-2 23 99 82
Tel.-zeiten: Di–Do 11–18 Uhr

· **Frauen-Sucht-Beratungsstelle LAGAYA**
Hohenstaufenstraße 17b
70178 Stuttgart
Telefon 07 11-6 40 54 90
Tel.-zeiten: Di/Do 11–13, 15–17,
Mi 11–18, Fr 11–13 Uhr

· **KISS Stuttgart**
Marienstrasse 9
70178 Stuttgart
Telefon 07 11-6 40 61 17
Tel.-zeiten: Mo 10–12, Di 18–20,
Mi/Do 10–12, 15–17 Uhr

· **Suchtberatungsstelle**
Katharinenstraße 2b
70182 Stuttgart
Telefon 07 11-24 89 29 10

Postleitzahlenbereich   8

· **Selbsthilfezentrum München**
Bayerstrasse 77
80335 München
Telefon 0 89-5 32 95 -60/-611

· **Aktionskreis Ess- und Magersucht "Cinderella"**
Westendstraße 35
80339 München
Telefon 0 89-5 02 12 12
Tel.-zeiten: Mo–Do 11–13, 14–18 Uhr

· **ANAD e.V.**
Psychosoziale Beratungsstelle bei Essstörungen
Seitzstraße 8
80538 München
Telefon 0 89-24 23 99 60, Fax 0 89-24 23 99 66
Sprechzeiten: Mo–Fr 10–18 Uhr

· **Max Planck Institut für Psychiatrie**
Kreaplinstr. 10
80804 München
Telefon 0 89-30 62 24 69

· **ANAD e.V. - pathways Wohngruppe**
Pilotystraße 6, Rückgebäude
80538 München
Telefon 0 89-21 99 73-0
Telefax 0 89-21 99 73-23
http://www.ANAD-pathways.de
E-Mail: Kontakt@ANAD-pathways.de